Lleva a los niños
a los pies de
Cristo

Prólogo por Bill Hybels

Lleva a los niños a los pies de Cristo

Cómo hablarles cara a cara acerca de la fe

David Staal

La misión de Editorial Vida es ser la compañía líder en satisfacer las necesidades de las personas con recursos cuyo contenido glorifique al Señor Jesucristo y promueva principios bíblicos.

LLEVA A LOS NIÑOS A LOS PIES DE CRISTO
Edición en español publicada por
Editorial Vida -2008
Miami, Florida

©2008 por Willow Creek Association

Originally published in the USA under the title:
Leading Kids to Jesus
Copyright © 2005 by Willow Creek Association
Published by permission of Zondervan, Grand Rapids, Michigan 49530, U.S.A.

Traducción, edición, diseño interior: *Grupo Nivel Uno, Inc*

RESERVADOS TODOS LOS DERECHOS. A MENOS QUE SE INDIQUE LO CONTRARIO, EL TEXTO BÍBLICO SE TOMÓ DE LA SANTA BIBLIA NUEVA VERSIÓN INTERNACIONAL. © 1999 POR BÍBLICA INTERNACIONAL.

Esta publicación no podrá ser reproducida, grabada o transmitida de manera completa o parcial, en ningún formato o a través de ninguna forma electrónica, fotocopia y otro medio, excepto como citas breves, sin el consentimiento previo del publicador.

ISBN - 978-0-8297-5215-1

Categoría: *Ministerio cristiano / Niños*

IMPRESO EN ESTADOS UNIDOS DE AMÉRICA
PRINTED IN THE UNITED STATES OF AMERICA

13 14 15 16 ❖ 7 6 5 4 3 2

Contenido

Prólogo por Bill Hybels 9
Agradecimientos 11
Introducción 13

1. El juego es de a dos 17
2. Cómo hablar con los niños 29
3. Cuéntales tu historia 45
4. Cuéntales la historia de Dios 65
5. La oración y más 83
6. ¿Qué pasa si no tengo una historia? 99
7. Los primeros años 115
8. Los grandes temas de conversación que se dan
   en los grupos de pequeños 129
9. Vendrán las preguntas, ¡eso es seguro! 147
10. El poder de todos 165

Palabras finales 183

Apéndices

1. Cuatro dinámicas clave para hablar con los niños. 185
2. Desarrolla tu testimonio 187
3. Cuéntalo como para que lo entienda un niño 189
4. Los cuatro componentes del mensaje del evangelio. 191
5. Cómo llegar con efectividad a un niño pequeño 195
6. ¿Qué preguntas te harán los niños? Resultados de la encuesta 197

Índice de temas 201
Notas finales 205

*A los líderes de los grupos de pequeños en Promiseland,
que han amado y llevado a miles de niños a Cristo, uno por uno. Gracias.*

Prólogo

Siempre, desde el principio mismo como pastor de la Iglesia de la Comunidad de Willow Creek, me ha costado redactar mis sermones. Una y otra vez he tenido que hacer un ovillo con el papel para empezar a escribir un nuevo borrador. Después de incontables horas y muchos intentos, los mensajes que daba a veces me hacían sentir que podría haber sido más claro en tal o cual punto. Claro que todo eso no es nada comparado con el peso que hace años sentí cuando debí considerar cómo presentarles a Jesús a mis dos hijos pequeños, Shauna y Todd. ¿Cómo lograría de la mejor manera presentar o llevar a cabo discusiones sobre temas tan grandes? ¡Prefiero la presión de preparar un sermón para quince mil adultos!

Gracias a Dios, por su bondad y misericordia, mis hijos (ya adultos) aman a Dios, aman a su iglesia y entienden la gracia. Parece que mis persistentes intentos funcionaron y quizá sea más acertado decir que nuestro ejército de voluntarios en Promiseland, la Tierra de las promesas, sirvió a mis hijos (y a miles más) explicándoles y presentándoles el constante, grandioso y maravilloso amor de Dios.

Cuando se trata de conversar sobre Dios los educadores cristianos de todas partes prefieren hablar de la verdad de nuestro Salvador con los de la generación un poco mayor. Ahora ya no necesitamos sentirnos solos o mal equipados, porque David Staal nos brinda un excelente servicio con este libro que hoy tienes en tus manos. Con ingenio y sabiduría sus consejos nos ayudan a explicar el mensaje vivificador de la Biblia en un idioma que los más pequeños pueden entender.

Tengo la esperanza de que *Lleva a los niños a los pies de Cristo* será de gran ayuda a muchos. Porque cuando los padres y los maestros están equipados para hablar con los pequeños las familias se fortalecen, las iglesias avanzan y Dios se complace. Una nueva generación de seguidores de Cristo está ya dispuesta a dejar su huella en este mundo. Pero ante todo, estos niños necesitan que les brindemos explicaciones claras y apropiadas a su edad con respecto a la eterna verdad y al ilimitado amor de Dios.

Lee este libro y estarás mejor equipado para liderar y enseñar a los niños. Y luego, observa cómo obra Dios, haciendo lo que solamente él puede lograr: crear nuevos corazones.

Bill Hybels
Pastor Principal
Iglesia de la Comunidad de Willow Creek

Agradecimientos

Becky: Gracias por tu amor, tu aliento, tus ideas y todo el tiempo que me diste para escribir.

Erin y Scott: Gracias por su amor, ánimo y todo lo que contribuyeron con este libro.

Judy Keene: Gracias por tu amistad y experiencia para asegurarte de que cada palabra funcionara como debía y por rescribir lo que no funcionaba.

Teri Lange: Gracias por la investigación y la ayuda que me diste cada día. Es genial trabajar en el ministerio contigo.

Pat Cimo: Gracias por todas las horas que pasaste revisando los borradores y por estos buenísimos años juntos en el ministerio.

Sue Miller: Gracias por creer en mí lo suficiente como para elegirme cual compañero de ministerio, amigo y «e».

Bill Hybels: Gracias por edificar una iglesia que ofrece oportunidades para que un tipo como yo pueda poner su energía y talento en provecho de los demás (el jurado todavía está debatiendo lo de los talentos).

Tammy Burke: Gracias por tu apoyo y por recordarme constantemente que no estoy loco.

Paul Engle y Dawn Anderson: Gracias por su sabiduría, su trabajo de edición, su enseñanza y aliento.

Al equipo de Starbucks: La respuesta: 204 grandes o 90 Kg... digamos mi peso exacto.

A los programadores de Promiseland: Gracias por su creativa ayuda con la elección de las palabras.

A los líderes de división de Promiseland: Gracias por su ayuda para la creación del capítulo 9.

A Kristen Aikman: Gracias por tu ayuda en la organización de una sesión de conferencias que ha crecido para convertirse en un libro.

Garry Poole: Gracias por tu profunda amistad, tu compañía en el ministerio y por decir lo que necesitaba oír para iniciar mi camino con Cristo.

Becky: Sí, van dos agradecimientos para ti ya que mi amor por ti es más grande que lo que podría caber en uno solo. Soy tu hombre.

Introducción

«Sí, bueno, lo haré».

Esa frase constituye una declaración muy grande porque transforma las ideas de una persona en las acciones de otra. Se las dije a mi buen amigo Garry Pool, director de evangelización de la Iglesia de la Comunidad de Willow Creek, y de inmediato empecé a preocuparme por lo grande que era el compromiso que acababa de asumir.

Nuestra conversación se había centrado en la necesidad de un programa de capacitación para Promiseland, nuestro ministerio para niños. Muchos ministerios para adultos ofrecían programas para sus voluntarios y su personal, pero Promiseland creía que los materiales que utilizaban no se conectaban lo suficiente con este equipo. Así que Garry sugirió que hiciéramos modificaciones. Y las haría un voluntario que tenía dos hijos, amor por los niños y que posiblemente diría que sí a esta oportunidad... El voluntario era yo.

Poco después del llamado de Garry me reuní con Pat Cimo, directora asociada de Promiseland, y con otros líderes. Buscaba consenso. La experiencia pronto validaría mi temor, al probarme que el compromiso de veras era enorme. Gigantesco.

Durante esa reunión hablamos de un esfuerzo muy grande. La capacitación que teníamos era perfecta para los adultos que llegaran a otros adultos con la buena nueva de Jesús, pero no servía de mucho en situaciones de adultos que hablarían con niños. Y esas situaciones se dan con frecuencia. En diversos momentos del año —en el ministerio— las lecciones del currículum de Promiseland incluyen instrucciones para que los líderes de grupos pequeños expresen sus testimonios, las historias de cómo llegaron a seguir a Cristo. Este ejercicio siempre causaba ansiedad porque los líderes tenían que decidir qué palabras utilizar y cómo decirlas. Podrían muy bien haberse identificado con la famosa definición de Mark Twain: «La diferencia entre la palabra correcta y la casi correcta es la diferencia entre el rayo y una luciérnaga».[1]

Con esta asignación plena del departamento de evangelización y del ministerio para niños, inicié un largo camino de investigación para crear un nuevo seminario de capacitación. Cuando les ofrecimos el nuevo material a los líderes de Promiseland, el curso siguió evolucionando gracias a la contribución de Pat y de la directora ejecutiva del ministerio Sue Miller. Al fin, el curso se convirtió en un taller, durante conferencias realizadas por la Willow Creek Association para Promiseland, tanto en el país como en el exterior. Pero jamás imaginé, al decir: «Bueno, está bien, lo haré», que el viaje también incluiría un libro.

Cuando imaginaba pasar tiempo contigo en las páginas que siguen, me di cuenta de que nuestra conversación debía favorecer la inclusividad. Así que los ejemplos utilizados, las conclusiones y las destrezas que describimos trascienden las denominaciones, los programas de educación cristiana y el modelo tradicional del ministerio para niños. Tenía la esperanza de que juntos recorriéramos un camino abierto a todos los seguidores de Cristo que creen en el propósito común que motiva el ministerio para niños: ayudar a cada uno de los niños y niñas a iniciar su vida con Jesús.

Tras años de presentar este material ante grandes y pequeñas audiencias, aprendí la importancia de que la gente pusiera en práctica los conceptos de inmediato. Supe que para que eso pudiera lograrse con un libro harían falta ejercicios personales después de cada capítulo que le permitieran al lector comenzar a trabajar con lo que acabara de leer.

Para aprovechar mejor el tiempo también vi que el libro debía enfocarse en pocas cosas. Así que, desde la primera a la última página sería importante que permaneciéramos en un camino que solamente se ocupara de cómo hablar sobre Dios, sobre Jesús, sobre la salvación y otros temas espirituales esenciales, de modo que un niño los comprendiera. Y nuestro primer paso en ese proceso fue reconocer que las palabras adecuadas serían algo de importancia significativa.

¿Cómo encontrar esas palabras? Ir en busca de términos y expresiones adecuados para hablar con los niños me recuerda a cuando hay que salir a comprar un bate de béisbol para zurdos. Uno puede recorrer todas las tiendas de la ciudad sin encontrar ni siquiera uno que indique que son para zurdos. Porque todos los bates servirán, tanto para diestros como para zurdos, y la decisión esencial será elegir el largo y el peso correctos.

Tu efectividad en el ministerio estará en la capacidad que tengas para elegir bien las palabras. Porque cuando te decides a hablar con un niño sobre Jesús, es muy posible que el Reino gane algo muy grande.

Dwight Moody entendía la victoria que se logra cuando los niños aceptan a Cristo. Después de un servicio en una iglesia local, uno de sus conocidos le preguntó:

—Reverendo Moody, ¿se convirtió alguien esta noche?

El legendario evangelista respondió:

—Sí, tres y medio.

—Oh —dijo el otro—. Ya veo: tres adultos y un niño.

Moody lo corrigió:

—No. Tres niños y un adulto.

Luego continuó, en respuesta a la mirada perpleja de su interlocutor: «El adulto solo tiene media vida para vivir por Cristo, pero los niños tienen una vida entera para conocer sus bendiciones y servir a su voluntad».[2]

Te animo a prepararte para conversar sobre la salvación, alimentado por el gozo de lo que pueda llegar a suceder: que uno de los más pequeños le diga que sí a Jesús, y se transforme una vida entera. Verás, sin embargo, que esta preparación requiere de esfuerzo. Podrías compararlo con la preparación del auto de tu familia cuando vas a salir de paseo: cargar combustible, verificar el aceite, cargar todo lo necesario para la familia. Todo eso se disfruta cuando uno anticipa cómo será lo que vendrá después.

Dios, de manera maravillosa y asombrosa, nos confía a las personas comunes como tú y como yo, el divino privilegio de ayudar a llevar a los niños a una vida con Jesús. Mi esposa y yo conocemos la emoción de ese privilegio en lo personal porque nuestro hijo y nuestra hija se han beneficiado de los mismos conceptos y prácticas que hoy tengo el honor de compartir contigo en estas páginas. Eso hará que viva siempre agradecido porque Garry me eligiera para una misión tan emocionante.

Y ahora, soy yo quien te elige a ti.

CAPÍTULO 1

El juego es de a dos

Hay quienes buscan la emoción y hay quienes intentan escapar de ella. El mundo tiene dos tipos de personas: las que aman las montañas rusas y las que las detestan. Yo pertenezco al segundo grupo, así que sentí pánico cuando mi hijo Scott llegó a la altura mínima necesaria para subirse a una enorme montaña rusa en nuestro viaje anual a un parque temático que hay cerca de nuestra ciudad.

La fila para ese juego tan atractivo, una de las montañas rusas de madera más grandes del país, era larga y como de noventa minutos. Durante esa lenta marcha hacia una tortura que yo mismo me infligía, imaginé todo tipo de escenarios terribles. O al menos eso pensé. Por fin nos sentamos en el carrito que nos arrojaría a una muerte cierta. Al menos así lo veía yo. Scott, en cambio, saltó a su asiento y se acomodó muy entusiasmado. Cuando bajaron la barra de seguridad y la aseguraron sobre mi falda, me aferré a ella y le dije: «Scotty, ¡aférrate a la barra como papá y no la sueltes!» Tenía la respiración entrecortada y las venas de mis manos se hinchaban a causa de la fuerza con que me sujetaba de la barra, como si de la vida misma se tratara.

El trencito de carros ascendió muy lento hasta la primera cima, se detuvo un segundo y luego chilló disparado hacia abajo por los rieles (bueno... quien chilló fui yo, no el carro). A pesar de que la fuerza de gravedad con su mano invisible me echaba la cabeza ineludiblemente hacia atrás, logré preguntar en un par de chillidos: «¿Cómo vas, Scotty?»

«Bueno, no muy bien, papá», fue la respuesta alarmante que oí.

Fue pura adrenalina lo que me quitó el miedo al ver lo que había pasado. El mecanismo de la barra de seguridad estaba muy firme sobre mi falda, pero en el caso de Scott, había un espacio porque sus piernas eran tanto más delgadas. Eso hizo que el niño se deslizara hacia adelante y estuviera apenas apoyado sobre el asiento, con las manos aún aferrándose a la barra que para ese momento ya estaba a la altura de su cuello.

De inmediato logré soltarme de la barra y de un tirón, lo subí para que volviera a sentarse. Con todas mis fuerzas presioné la barra para que sujetara a mi hijo. Ahora, claro, el metal lo tenía bien aprisionado pero en mi caso la sangre no me llegaría bien a las piernas de tan apretada que había quedado la barra. Pero pensé: «¡Es mejor soportar este dolor que decirle a mi esposa que nuestro hijo salió volando, despedido de la montaña rusa!»

Me aferré a Scotty con una mano durante el resto del viaje, en tanto con la otra mantenía mi contacto con lo que para mí significaba la vida: esa barra de metal. Cuando bajamos del carrito, intenté controlar mi temblor. En eso, Scotty preguntó: «¿Podemos subir otra vez?»

Cuento esta historia como ilustración de un punto clave: a pesar de todas las actividades maravillosas que había en ese parque temático, y aun rodeado de personal responsable de nuestra segura diversión, tenía que actuar. Y tenía que hacerlo solo. Mi respuesta marcaría una importante diferencia para mi hijo, quizá de vida o muerte para él: Scott me necesitaba.

De la misma manera, para todo el que pase tiempo con niños habrá oportunidades cruciales. Momentos en que podrás marcar un impacto eterno según como reacciones, y seguro habrá quien necesite que lo hagas bien. Quizá ni siquiera tengas que sujetar la barra de seguridad, pero es posible que tengas un importante rol en la seguridad de su salvación. El propósito de este libro es prepararte para estar a la altura de ese desafío.

Con el fin de preservar la claridad, el enfoque de *Lleva a los niños a los pies de Cristo* radica en equipar a los adultos para ayudar a los niños a iniciar una vida de fe al aceptar a Jesús como Señor y Salvador. Por lo tanto, examinaremos cómo hacerlo de manera individual, no con grandes programas evangelizadores, presentaciones complejas ni elegantes ilustraciones.

Específicamente, la preparación se centrará en la interacción personal, en las conversaciones cara a cara con los niños sobre temas espirituales importantes. Este tópico ya es bastante relevante en sí mismo porque hay increíbles e impredecibles oportunidades para conversar sobre la fe, tanto en la iglesia como en casa.

Si eres líder de grupos de niños, maestra o maestro de la Escuela Dominical, si diriges un ministerio o trabajas en educación cristiana o eres voluntario en tu iglesia trabajando con los niños, este libro es para ti. De la misma manera, si eres padre o madre, encontrarás que los conceptos te sirven muy bien para conversar con tus hijos en casa; esta es otra de las razones por las que este libro es para ti. Así como la montaña rusa va a toda velocidad, el tiempo que tenemos para marcar un impacto en la niñez también vuela. Así que el momento para prepararte es este, porque la urgencia es muy real.

Habrá momentos en que podrás marcar un impacto eterno según como reacciones, y habrá quien necesite que reacciones bien.

LA SALVACIÓN A TEMPRANA EDAD

El respetado encuestador George Barna condujo estudios para determinar las probabilidades de que las personas de distintas edades le pidieran a Jesús que fuera su Salvador. Los resultados muestran una marcada tendencia a favor de los niños entre los cinco y los doce años:

¿Cuáles son las conclusiones de Barna? «Si las personas no aceptan a Jesucristo como Salvador antes de su adolescencia, las posibilidades de que lo hagan alguna vez disminuyen mucho».³

La escritora y disertante Karyn Henley concuerda en que los niños son mucho más receptivos a aceptar el evangelio, en comparación con los adultos. Dice: «Los niños tienden más a expresar una fe natural en Dios mientras que los adultos solamente creemos en lo que podemos experimentar con nuestros cinco sentidos».⁴

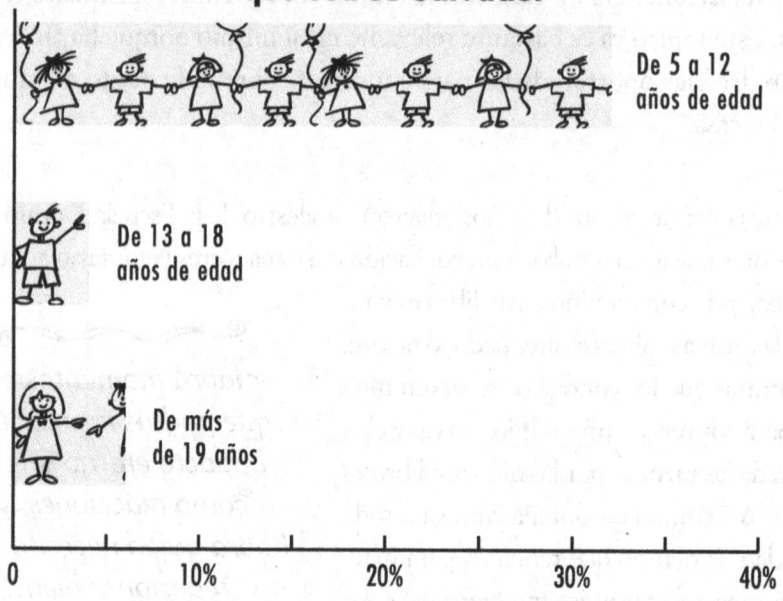

La Biblia esfuma todo escepticismo que se pueda tener con respecto a la validez de la fe natural de un niño. Con solo ver Hechos 2:39, donde Pedro dice: «En efecto, la promesa es para ustedes, *para sus hijos* y para todos los extranjeros, es decir, para todos aquellos a quienes el Señor nuestro Dios quiera llamar» (énfasis añadido por mí). La palabra griega utilizada en este versículo (teknon) significa literalmente «niño» como en hijo o hija.[5] La promesa de la que habla Pedro es la salvación y es claro que está disponible para los niños. Romanos 10:9 revela los criterios para la salvación: «que si confiesas con tu boca que Jesús es el Señor, y crees en tu corazón que Dios lo levantó de entre los muertos, serás salvo». Este versículo expresa la naturaleza inclusiva de la gracia salvadora de Dios, sin mandato de edad mínima.

Así que, sabiendo con seguridad a partir de las Escrituras que los niños pueden tener una relación auténtica con el Señor, la pregunta es ¿cómo?

Claro que la capacidad para comprender la promesa y el momento en que sucede será diferente para cada persona, niño o adulto. El doctor James

Dobson, de *Enfoque a la Familia*, describe su experiencia de salvación a los tres años de edad.[6] El ex presidente del Instituto Bíblico Moody, Joe Stowell, aceptó a Cristo a los seis años de edad.[7] El evangelista Billy Graham tomó su decisión a los dieciséis años.[8] Aunque dudo en mencionar mi propio nombre junto con los tres anteriores, entregué mi vida a Jesús a los veintinueve años (aunque seguía siendo un niño en mi corazón).

Así que, sabiendo con seguridad a partir de las Escrituras que los niños pueden tener una relación auténtica con el Señor, la pregunta es *¿cómo?*

Una perspectiva personal

Hay muchos ministerios para niños que responden esta pregunta con lecciones claras y relevantes, acompañadas de creativas enseñanzas bíblicas. Disponemos de increíbles mensajes de salvación para niños, y hay muchos que por cierto tienen éxito. Pero representan solamente una perspectiva. Porque cuando termina uno de esos programas o lecciones, los pequeños ojitos con frecuencia miran a los adultos que hay en la habitación en tanto sus mentes formulan grandes preguntas.

Lo que sucede entonces contribuye en mucho a la capacidad de un ministerio para lograr su impacto más pleno. Los adultos que están en la habitación pueden ayudar a los niños a cruzar la línea hacia la salvación, en sencillas conversaciones. Muchas veces la situación requiere nada más de que se les hable sobre una relación con Jesús. O de respuestas a preguntas sobre Dios y el cielo. Estos simples intercambios en la iglesia (o en casa) pueden tener efectos profundos, pero hace falta prepararse porque hay mucho en juego.

> Cuando Dennis era pequeño expresó su deseo de iniciar una relación con Jesús. Su madre entonces lo llevó a reunirse con un miembro del personal de la iglesia. Esa persona le explicó a Dennis diversos conceptos bíblicos y pronunció la oración de la salvación por Dennis. No fue sino muchos años después, que Dennis mientras conversaba con su líder de grupo oyó que era necesaria su propia oración. Ahora dice que ojalá hubiera aprendido eso tan esencial mucho más temprano.

Claro que cuando mi hijo o mi hija expresan interés en saber cómo alguien llega al cielo yo podría arreglar una reunión con algún miembro del personal de mi iglesia para que el «profesional» se ocupe del asunto. Nadie diría que soy mal padre por eso. O cuando lidero un grupo de niños, si uno de los chicos me pregunta qué significa ser cristiano, muy bien puedo ir a buscar a uno de los maestros de los grupos de mayores, o al director del ministerio para que le den la explicación del caso. Pero, ¿le servirá al niño alguna de esas alternativas?

Si delego en alguien más calificado o experto porque me siento más cómodo ya que evito un encuentro con mi propio pensamiento y mi temor sobre ¿qué si no digo lo correcto?, no estaré tomando en cuenta el punto de vista del niño. Si el adulto que tiene más cerca duda al hablar sobre Jesús a nivel personal, ¿le parecerá que Jesús está cerca, o lejos? Aun si la razón que tengo para delegarlo provenga de mi incertidumbre sobre cómo decir lo que sé de manera que pueda entenderlo un niño, el impacto igual causará confusión.

Del mismo modo, imagina el impacto potencial de un niño que oye la historia de fe de parte de su madre o su padre, desde el corazón. O el potencial que se libera cuando un adulto en la Escuela Dominical ofrece una explicación sencilla de lo que significa ser cristiano, respondiendo una pregunta que el niño no quería preguntar delante de todos. Es fácil creer que en cualquiera de esas situaciones el niño o la niña se sentirán animados a iniciar una relación con Jesús en ese mismo momento.

Tu rol

Ahora, imagina que eres tú ese padre, o ese obrero en el ministerio para niños. A veces habrá momentos con los niños en que sus destinos eternos se sienten como el aire que respiras, si solo logras hablar con las palabras correctas. En su idioma. Porque los términos y analogías que utilizan los cristianos maduros para hablar entre sí sobre la fe muchas veces no representan nada para los niños.

> Ron, un voluntario del ministerio para niños, tuvo un fin de semana la oportunidad de dar su testimonio a un niño del grupo que le preguntó si era cristiano. Después de unos dos minutos de hablar en lenguaje bastante confuso, intercalado con montones de «Eh» y «Hmmm», la conversación cambió de rumbo. Fue una oportunidad desperdiciada.

Ese tipo de situaciones puede remediarse con toda facilidad. Solo tienes que prepararte para decir las palabras adecuadas cuando se presente la oportunidad. Las Escrituras señalan que si prestamos atención al lenguaje se beneficiará tanto quien lo oye («Como naranjas de oro con incrustaciones de plata son las palabras dichas a tiempo», Proverbios 25:11), como quien está hablando («Es muy grato dar la respuesta adecuada, y más grato aún cuando es oportuna», Proverbios 15:23).

Sin embargo, no permitas que esos versículos de la Biblia te lleven a la conclusión de que lo que hace falta es que los adultos les entreguemos a los niños un enorme paquete de teología. Si mantenemos siempre en mente la conversión de Pablo en el camino a Damasco, recordaremos cómo transforma Jesús las vidas. Y lo más valioso es la confianza para hablar cuando describes el camino que te llevó a seguir a Cristo, o el modo en que el niño con quien hablas puede recorrer el mismo camino. La voluntad del pequeño o joven para hacer eso podría cambiar su mundo y lo único que necesitas es asir con fuerzas la barra de seguridad ¡para contener tu emoción!

Aunque te sientas confiado en tu capacidad para conversar, busca pulir tus habilidades. Porque agradecerás haberte preparado bien cuando llegue el momento.

Una serie de sermones de Willow Creek, titulada «Cruza la habitación», se centraba en el desarrollo del deseo de ser usados por el Espíritu Santo en las conversaciones espirituales con quienes todavía no están en la familia de Dios. «Disfruto de hacer muchas cosas en la vida», decía el pastor principal Bill Hybels. «Pero no creo que haya nada que me guste más que el momento en que alguien me dice: "Estaré agradecido por toda la eternidad por lo que hiciste cuando cruzaste esa habitación...." Eso es lo mejor».[9] Es que poder conversar con los demás sintiéndote confiado en lo que haces, brinda beneficios emocionantes.

Esa gratificación y ese entusiasmo que describe Bill es algo real. Y más aun si la conversación es con un pequeño confiado a tu cuidado, como miembro de un grupo de niños o de una clase de Escuela Dominical. Claro que la emoción es el triple de potente si ese niño o niña es tu hijo o tu hija.

Así que, si trabajas con niños en la iglesia decide ahora mismo prepararte todavía más para esas oportunidades no planificadas, espontáneas, en las que puedes hablar de la fe con un pequeño, de la fe tuya o de tu joven interlocutor. Sin libros de ejercicios, sin notas, espontáneamente. Si eres padre o madre, intenta lograr la fluidez en tu forma de explicar la fe para estar listo o lista para esas conversaciones a la hora de ir a dormir, que muchas veces son oportunidades de salvación en tiempo real. Y aunque sientas bastante confianza en tu capacidad para conversar, busca pulir tus habilidades todavía más. Estarás muy feliz de haberlo hecho cuando llegue el momento.

Para Beth, una de las colegas del equipo ministerial, ese momento llegó un día mientras iban de compras:

> Íbamos en el auto con mi hija de cuatro años, y ella preguntó qué pasaría si yo moría. Me tomó un poco por sorpresa porque estábamos hablando del clima y de repente, saltó esa pregunta.
>
> Mari, con gran preocupación, me dijo:
>
> —Mami, no quiero que mueras.
>
> Traté de consolarla y le respondí:
>
> —Mari, sabes que hace mucho decidí pedirle a Jesús que fuera mi amigo para siempre. La Biblia dice que si amas a Dios y a Jesús puedes ir al cielo cuando mueras. Así que verás, yo no tengo miedo de morir porque sé que iré al cielo.
>
> Durante unos minutos pareció que el tiempo se había detenido. Y entonces:
>
> —¡Mami! ¡Yo también amo a Dios y a Jesús! —dijo Mari muy emocionada.
>
> —Bueno —dije—. ¿Le has pedido que te perdone y sea tu amigo para siempre?
>
> —No —dijo con voz queda.
>
> No puedo creer cómo Dios me había preparado para preguntar aquello. Había tomado un curso en la iglesia que me preparó exactamente para lo que seguiría.
>
> Seguí conduciendo, con las manos aferradas al volante con fuerza, y dije:

—¿Te gustaría orar ahora mismo?

—Sí —respondió mi hija. Y cuando comenzamos a pronunciar la oración de salvación, sentí que la gratitud me abrumaba. Mi propia hija fue la primera persona con la que tuve el privilegio de elevar esa oración. Estaré eternamente agradecida por haber podido prepararme para esa conversación. ¡Dios me utilizó!

Beth sabía qué palabras decir, pero lo más probable es que muchos nos sentiríamos abrumados bajo el peso de la duda en casos como ese. ¿Y si digo algo que no corresponde? ¿Y si me pregunta algo difícil? ¿Conozco la Biblia tan bien como para poder responder? ¿Puedo expresar mi fe con palabras? Puede ser un desafío el encontrar las palabras correctas, pero no hace falta que lo sea.

Booker T. Washington contó una vez la historia de un barco perdido en el mar. Anduvo a la deriva hasta que avistó una embarcación que pudiera auxiliar a la tripulación. Los que habían estado a la deriva, hicieron señas: «Agua, agua ¡morimos de sed!» Y el otro barco envió de inmediato una respuesta: «Echen los cubos allí donde están y encontrarán agua». Por segunda, tercera y cuarta vez el barco perdido repitió su mensaje, y recibió la misma respuesta en cada ocasión. El capitán del barco perdido por fin obedeció a lo que sugería el del barco auxiliador. Echó los cubos y recogió agua dulce, fresca y potable, de la desembocadura del Río Amazonas.[10]

La sedienta tripulación de la historia relatada por Washington, dijo que la solución a su dificultad había estado a su alcance todo el tiempo. De manera similar, creo con toda confianza que las palabras adecuadas para poder hablar de Dios con los niños llegarán a ti con la misma facilidad con que esos marineros encontraron agua potable. Y con ese fin en mente, este libro brinda una guía práctica sobre qué decir, consejos sobre cómo decirlo y hasta formas en que puedes comunicarte de manera profunda sin decir palabra. Lo mejor de todo es que puedes lograrlo sin grandes cambios en tu ministerio, sin inscribirte en clases de Teología. Si estás con niños en casa o en la iglesia, tendrás muchísimas oportunidades de entablar importantes conversaciones espirituales, más de las que crees.

Esta sencilla aventura personal para prepararte cambiará tu punto de vista en cuanto a cómo evangelizar a los niños.

Piensa por un momento en la gran diferencia entre pedir a Dios que use tu ministerio para presentarles a Jesús a los niños, y pedir que Dios te dé lo que necesitas y te use personalmente para llegar a los niños con su Persona. Para los padres, la diferencia se expresaría en dos oraciones: «Dios, ayuda a mi hijo para que te conozca», y «Dios, por favor, úsame para ayudar a mi hijo a iniciar una relación contigo».

Así que, si la vida con los niños alrededor te recuerda a una montaña rusa, o si todavía estás esperando en la fila para vivir tal emoción, andaremos juntos este camino en el que encontrarás las palabras que los niños necesitan oír. Aférrate a la barra, y sigue dando vuelta a las páginas. Porque de hecho, cuando voltees esta, habrás entrado en el parque temático donde aprenderás los principios básicos de la comunicación efectiva con los niños. ¡Prepárate para lo que podría ser el viaje de tu vida!

Ejercicios

¿Cómo calificarías tu nivel de confianza para hablar de la salvación con un niño?

1   2   3   4   5   6   7   8   9   10

Bajo, lo evitaría a toda costa   Alto, podría escribir un libro

2. Indica con qué frecuencia tienes conversaciones espirituales con niños

1   2   3   4   5   6   7   8   9   10

Nunca, aunque me acorralen   Siempre, cada vez que estoy con un niño

3. Califica la efectividad de esas conversaciones

1   2   3   4   5   6   7   8   9   10

Ninguna efectividad, me confunden los niños   Alta efectividad, quedo salvado por completo

4. ¿Cómo se relacionan entre sí tus respuestas con las primeras tres preguntas?

5. ¿Qué calificaciones te gustaría indicar al terminar de leer este libro?

CAPÍTULO 2

Cómo hablar con los niños

El pronóstico anunciaba un día caluroso y húmedo, y no se habían equivocado. Aunque los últimos días de julio en el centro de Estados Unidos es la época ideal para nadar en la piscina, no te recomendaría salir de paseo a un parque temático. Pero allí estábamos, mi hijo Scott y yo. Él tenía cinco años y ambos buscábamos todo el tiempo los puestos de limonada y algo de sombra. Desafortunadamente, la diversión parecía derretirse más rápido que el hielo en nuestros vasos.

Pero sentí ánimo al ver el juego de los leñadores. Es muy sencillo, porque lo único que hay es una canoa, de esas hechas con un tronco ahuecado, que va lentamente por un río artificial hasta que llega al borde de una cascada. Y allí, caes de repente y te empapas. La sensación de frescura bien vale la pena ese segundo o dos de terror que pudieras sentir antes de caer.

—Oye, Scott —dije—, ¿vamos a ese juego para refrescarnos un poco?

—Sí, vamos —me dijo.

Hasta la larga hora de espera en la fila transcurrió a la sombra, así que para mí fue un descanso. Por fin llegó nuestro turno. Scott y yo nos sentamos en los asientos delanteros de la canoa. Vi que no había barras de contención, por lo que supuse que la caída no sería peligrosa. En los dos asientos traseros se sentaron dos chicas adolescentes. La canoa empezó a avanzar.

Durante unos minutos, seguimos los meandros del río artificial y luego, la canoa se detuvo justo al borde de la cascada. Aunque la mayoría de los troncos salían a flote enseguida al caer por la cascada, el nuestro no hizo eso. Porque como Scott y yo ocupábamos los asientos delanteros, nuestra canoa era más pesada. Bueno, a decir verdad, era yo el responsable de que pesara tanto. No importa cuál haya sido la razón, la punta delantera de nuestra canoa se hundió en el agua, como un pato buscando comida. Nos hundimos. Mientras a todos los demás el agua solo los salpicaba, en nuestro caso nos dimos un baño. No es que nos sumergimos, pero definitivamente, quedamos completamente saturados en agua de la cintura hacia arriba. ¡Y me encantó!

Claro que para Scott, la cosa no parece haber sido tan divertida. Se mantuvo callado mientras la canoa se acercaba a la rampa donde desembarcaríamos. Las dos adolescentes y yo salimos del tronco enseguida. Luego, le ofrecí la mano a Scott y le pregunté si le había gustado. Su respuesta confirmó que había un problema: irrumpió en llanto.

—¿Qué pasa, amiguito? —pregunté.

—¡No me dijiste que terminaríamos empapados! —gritó enojado.

—Espera un momento. ¿Qué pensaste que decía cuando te pregunté si querías refrescarte?

Recuperó el aliento y entre sollozos me dijo:

—¡Pensé que habría aire acondicionado!

LO QUE SE DICE Y LO QUE SE ENTIENDE

Jamás olvidaré la lección que aprendí mientras estuvimos allí, chorreando agua frente a la multitud que nos miraba. Si no tengo cuidado, puedo equivocarme y mucho cuando uso palabras que a veces los niños no entenderán del todo.

Es un desafío común para muchos adultos. En especial para los cristianos. Escucha cómo hablan algunos sobre la vida espiritual y podrás oír un lenguaje que se convierte en jerga. Te llevaría años aprenderlo, y eso sí es un problema. Porque el cristianismo tiene el mejor mensaje del mundo pero no tendrá impacto alguno si lo comunicas con descripciones que más parecen un código secreto para los que no pertenecen al círculo en que te mueves.

Esta desconexión es todavía más evidente cuando hay niños de por medio. claro que se crean momentos graciosos que los padres luego pueden utilizar para escribir un libro, o para reír un rato. Pero con frecuencia y sin intención, a veces se crean obstáculos en un diálogo importante sobre cuestiones espirituales. Y eso no es motivo para risas.

En *The Gentle Art of Communicating with Kids* [El sencillo arte de comunicarse con los niños], la doctora Suzette Elgin destaca este tema cuando dice: «El único significado que tiene una secuencia de lenguaje es lo que entiende quien la oye».[11] Piensa en eso. No importa lo que digas. Lo que importa es *cómo interpreta* el niño lo que le dices. En la misma línea de pensamiento el entrenador de básquetbol Red Auerbach, integrante del Salón de la Fama, ofrece consejos a los entrenadores: «Lo que les dices a tus jugadores no cuenta. Lo que cuenta es lo que ellos oyen».[12]

El cristianismo tiene el mejor mensaje del mundo pero no tendrá impacto alguno si lo comunicas con descripciones que más parecen un código secreto para los que no pertenecen al círculo en que te mueves.

Diseñamos este capítulo para ayudarte a cerrar la brecha que hay entre lo que dices y lo que los niños entienden cuando les hablas. Lo que sigue en este libro irá edificando sobre el cimiento que echan las cuatro claves básicas de la dinámica en la comunicación con los niños.

Dinámica número 1. Los niños entienden los términos y el lenguaje concreto mucho mejor que los términos y el lenguaje abstractos. Es decir que hay más posibilidades de que un niño sea literal, en comparación con el adulto. Es fácil aplicar esta dinámica: evita los simbolismos o las palabras «religiosas». Con algunos ejemplos verás enseguida a qué me refiero.

«Invita a Jesús a entrar en tu corazón», es una de las frases que causan confusión. Claro que algunos chicos podrán entenderlo, pero muchos otros no. Y aunque quizá no lo digan, es posible que se pregunten cómo podría entrar Jesús en un lugar tan pequeño como el cuerpo de un niño ¡nada menos! Lo que en realidad quiere decir el adulto con «Invita a Jesús a entrar en tu corazón», es «Inicia hoy una relación personal con Cristo».

Otra de las frases a considerar es «paga el precio de tus pecados». Uno de los niños en nuestro programa ministerial me dijo que trataría de ahorrar su mesada ¡para poder pagar el precio de sus pecados! Aunque no hablamos de cuánto dinero le dan por mes, le llevó un buen rato entender que jamás podría ahorrar lo suficiente. Y que no era cuestión de dinero.

Nuestro desafío ahora es evitar el uso de analogías, simbolismos o palabras abstractas que requieran familiaridad con un concepto.

De la misma manera, tenemos que tomar cuidado de que mantengamos el significado que queremos cuando usemos términos concretos. (En el capítulo 4, que se centra en la explicación del mensaje del evangelio, hay palabras alternativas a los términos cristianos más comunes.)

Nuestro desafío ahora es evitar el uso de analogías, simbolismos o palabras abstractas que requieran familiaridad con un concepto.

El atajo que nos tienta a eliminar el lenguaje abstracto omitiendo las palabras difíciles no funciona. Porque el sentido común nos indica que lo que no hay que usar son los términos largos y complicados. «Sacrificio propiciatorio sustitutorio», por ejemplo, tiene tres palabras con mucha sustancia que a la mayoría de la gente no se le ocurriría usar para hablar con un niño de seis años (¡y quizá tampoco al hablar con otros adultos!). Pero decir «el cordero perfecto que cargó con mis pecados» también puede resultar confuso. ¿Por qué cargaría con pecados una oveja bebé? Hasta las palabras relativamente simples pueden combinarse para formar frases complejas o analogías que presentan un mensaje codificado que los niños no pueden entender porque ellos por naturaleza le asignan significado literal a las palabras.

Los discípulos de Jesús brindan un excelente ejemplo de la confusión que puede generar el significado literal. En Mateo 16:6 Jesús les advierte: «Tengan cuidado... eviten la levadura de los fariseos y de los saduceos». Aunque los discípulos oían las parábolas de Jesús con frecuencia, con esa imagen saltaron al significado literal. Supusieron que se refería a que les hablaba del pan que no habían empacado para su viaje. Con un toque de exasperación, Jesús les explica lo que quiso decir. «Entonces comprendieron que no les decía que se cuidaran de la levadura del pan sino de la enseñanza de los fariseos y de los saduceos» (v. 12).

¡No esperemos que hoy los niños logren entender más que los discípulos de Jesús! La respuesta al dilema de las palabras abstractas es el uso de términos concretos o literales. Para ser claros tenemos que usar las palabras que necesitan oír los niños, que muy probablemente sean diferentes a las que usamos para hablar entre adultos. Aunque no haya nada malo técnicamente en decir: «Dejar mis pecados a los pies de la cruz», lo mismo se puede transmitir con: «Decirle a Dios que lamento las cosas malas que hice», y de esa manera el niño lo entenderá con facilidad.

La necesidad de ser sensibles ante lo que sea lenguaje abstracto irá disminuyendo a medida que aumente la edad de los niños, pero también disminuye entonces la posibilidad de que se conviertan en seguidores de Jesús. Como dije antes, la investigación del encuestador George Barna muestra que los niños tienen más posibilidades de convertirse en cristianos antes de los trece años. Yo soy de los que no caben en esa regla, porque le entregué mi vida a Cristo siendo ya adulto, pero sé que a cualquier edad los que no pertenecen a la familia de Dios recibirán mejor el lenguaje concreto cuando se les hable de la fe. En 1 Corintios 2:1 Pablo nos brinda un excelente modelo a seguir: «Yo mismo, hermanos, cuando fui a anunciarles el testimonio de Dios, no lo hice con gran elocuencia y sabiduría».

Dinámica número 2. Los niños se encuentran en distintas etapas del desarrollo. La edad tiene que ver con la capacidad de comprensión del niño, por muy sencillas que sean las palabras que utilices para comunicar un concepto. Además de la edad, hay factores como la educación, el entorno familiar, social y las experiencias, que también influyen en su conocimiento intelectual y espiritual. Todos estos factores marcan una diferencia en el modo en que nos comunicamos con los niños.

Por ejemplo, mi hijo de diez años logra resolver problemas con largas multiplicaciones en tanto mi hija de siete se esfuerza por encontrar el resultado en una suma de dos cifras. Ninguno es mejor que el otro. Solo están en diferentes etapas. En una conversación cara a cara la edad del niño determinará cuán simple tiene que ser mi lenguaje para transmitir los conceptos que quiero explicarle. Y hace poco aprendí que la edad no es el único factor.

Soy entrenador del equipo de baloncesto de la liga del distrito, y allí juega mi hijo. Esta temporada, un jugador de primer año llamado Matthew se unió

a nuestro equipo de ocho veteranos. Es un chico muy bueno con una sonrisa tan grande como la cancha en la que jugamos. Durante una práctica en la que simulábamos un juego por puntos, le di a Matthew una misión específica. «Cuando el otro equipo enceste, sacas la pelota de la cancha».

«Bien, entrenador», respondió con su gran sonrisa.

Todos los del equipo entendieron que mis instrucciones eran para que cuando los adversarios encestaran, Matthew tomara la pelota, fuera tras la línea negra que hay bajo la cesta, y la lanzara a uno de sus compañeros. Lo entendieron todos, claro, excepto Matthew.

Minutos más tarde, cuando un jugador del equipo contrario encestó, Matthew entró en escena muy confiado. Tomó la pelota y se paró detrás de la línea que marca el límite de la cancha. Y allí se quedó. Hice sonar el silbato para que se detuviera el juego y le pregunté a Matthew por qué no tiraba la pelota. Dejó de sonreír. Me acerqué y el niño me dijo que yo le había mandado llevar la pelota fuera de la cancha. No le había dicho que se la lanzara a nadie.

Tenía razón. El equivocado era yo. No había pensado en el nivel de experiencia de Matthew al explicarle lo que quería que hiciese. Supuse que sabría. Ese momento hizo que empezara a entrenar al equipo con instrucciones a medida para cada jugador. Volvimos a entrenar, con un entrenador un poco más sabio. Afortunadamente, también volvió la sonrisa de Matthew.

Lo que acabo de relatar se aplica a todos los que servimos como líderes de grupos de menores o maestros de Escuela Dominical: aun si tienen la misma edad o están en la misma clase, los niños pueden tener diferentes niveles de entendimiento. Por eso los líderes y maestros deberán asegurarse de que elijan palabras que se adapten a cada uno de los niños. Y para ponerlo en práctica todo el tiempo tendré que evaluar mis suposiciones. Muchas veces es fácil el remedio. Puedo dar instrucciones simples, como: «Tomas la pelota y se la tiras a otro de tu equipo». Pero otras veces no es la falta de conocimiento lo que se interpone. Es posible que el niño haya aprendido muchas cosas a la vez, y eso puede ser bueno, pero a veces no lo es tanto.

Hay niños que vienen a la iglesia habiendo oído en casa cosas maravillosas sobre Dios y Jesús. Otros, llegan conociendo los diferentes nombres de Dios solo como parte de un insulto. Esa diferencia se puede convertir en un factor de peso para el evangelio partiendo de la suposición de que todos sienten temor reverencial ante el Todopoderoso. Y además, aunque uno de los niños sienta cosas buenas, de amor y afecto al oír hablar de «Dios Padre», otro podrá sentir disgusto porque su padre lo ha abandonado o le causa dolor cuando está presente. ¿Será por eso que ese niño no parece interesado en tener una relación con Dios?

Aunque las razones pueden ser diferentes, los niños de edades parecidas y aspecto similar pueden estar en niveles de desarrollo espiritual radicalmente distintos.

Aun si tienen la misma edad o están en la misma clase, los niños pueden tener diferentes niveles de entendimiento.

Así que, al conversar con los niños no dudes en tomarte un minuto para ver si realmente entienden lo que estás diciendo. Toma en cuenta tus presuposiciones. Y siempre deberás mantenerte dispuesto a adaptar tus palabras para que puedan entenderlas. Cuanto más medidos sean tus comentarios sobre lo que sabes del nivel de desarrollo del niño, mejor podrás servirle.

Dinámica número 3. Los niños son más receptivos a las historias y palabras con las que se pueden identificar, o que pueden graficar. Cuando yo era niño me encantaba ver los especiales de Charlie Brown en televisión. Todavía me gustan. Las historias, los personajes y ese humor atemporal se combinan para dar muestras de la genialidad de Charles Schultz. Mis escenas favoritas entre los muchos programas hechos para la televisión eran aquellas en las que el niño estaba sentado en el aula escuchando lo que decía la maestra. La maestra, que nunca aparecía en el cuadro, siempre decía lo mismo: «Bla, bla, bla...» Tan solo el recuerdo de ese sonido me hace sonreír mientras escribo esto.

Los adultos muchas veces citan a la maestra de Charlie Brown, y sus memorables palabras: «Bla, bla, bla...» Con eso, comunican que le resulta gracioso cómo habla quien es reiterativo, redundante o aburrido. Recuerdo que cuando era pequeño dije: «Bla, bla, bla» un día en que mi padre me estaba diciendo algo. Nunca más se me ocurrió intentarlo.

La cuestión aquí es que a nadie le gustan los largos discursos. Y a los niños, mucho menos...

De hecho, los niños entenderán mucho más de lo que quiera explicarles un adulto si les cuenta una breve historia. ¡A los chicos les encantan las historias! En especial, las cortas. También podrán conectarse con lo que se les dice en un nivel más profundo si el líder o maestro utiliza palabras que hagan referencias a cosas que ellos conocen, porque se crea así la conexión entre la historia y quien la oye. Veamos un ejemplo práctico.

En el capítulo 1 describí el viaje de mi amigo Dennis hacia Jesús. Cuando lo cuenta a niños del segundo y tercer grados en nuestro ministerio, comienza diciendo: «Chicos, quiero contarles algo sobre un pequeño de su edad a quien le gustaba jugar al béisbol, el fútbol y al baloncesto. No era el mejor en su equipo y no siempre lo elegían para jugar». Durante uno o dos minutos, cada palabra de Dennis será recibida por oídos dispuestos, cada gesto suyo, observado por ojos bien abiertos.

Una de las razones por las que Dennis es tan efectivo para contar su testimonio, es que logra atraer a los chicos. Ellos quieren oír lo que tiene que decirles. Les cuenta una historia, no da un discurso. Y la condimenta con cosas que son conocidas a los niños de segundo y tercer grados. Si a uno de ellos le gustan los deportes, se identificará con el cuento de Dennis. Y si no le gustan, se identificará también con lo que sentía el chico cuando no lo elegían para jugar con el equipo.

Jesús muchas veces enseñó usando historias. Contó la historia del buen samaritano (Lucas 10) en respuesta a una pregunta que podría haber respondido con un discurso sobre quién es nuestro prójimo. En cambio decidió contar una historia que ilustró el concepto de «prójimo» de modo que todos lo entendieron.

También nosotros podemos usar esta técnica, que a veces se llama pintar una imagen con palabras. Si incluyo uno o más paralelos con la vida del niño, ese niño imaginará la escena y su interés aumentará enseguida. Casi siempre es muy fácil encontrar algo común a lo que puedas hacer referencia, algo genérico en las vidas de los chicos. Por ejemplo: «¿Vieron que durante el recreo pueden elegir diferentes clases de juegos...?», o algo similar. Esto hará que los niños sepan que la historia tendrá que ver con ellos.

Otra forma de interesar al niño en la historia es mediante preguntas en los momentos precisos, que lo hagan pensar pero no meditar demasiado. ¿Has observado alguna vez a alguien que haga esto bien? Son preguntas que te invitan a participar mentalmente durante un momento, pero no te llevan por las ramas. «¿Se te ocurrió pensar en eso alguna vez?», «Eso no lo hiciste nunca ¿verdad?» Podría enumerar páginas y páginas de este tipo de preguntas durante la conversación.

Ninguna de estas preguntas exige una respuesta larga, o breve siquiera. Las utilizamos solo para provocar al pensamiento. Hacen que tu audiencia se involucre. Te permiten hablar *con* los niños en lugar de *a* los niños. E impiden que te parezcas a la maestra de Charlie Brown.

Sin embargo, hay que tomar en cuenta algo muy importante. Sigue leyendo.

Dinámica número 4. Un único detalle de la historia podrá hacer que se concentren o que se distraigan. Como les sucedió a muchos, mi vida ha estado llena de altibajos, raspones, golpes y muchas lecciones valiosas. Mucho de lo que aprendí, lo aprendí mientras trabajaba en la Liga Nacional de Fútbol (NFL en inglés). Pero si empiezo a contarle a alguien, algo que sucedió durante mi breve permanencia con los Indianápolis Colts, la conversación suele cambiar de rumbo de manera abrupta. La persona con la que hablo intenta imaginarme vistiendo el equipo, con hombreras y casco, y trata de adivinar cuál era mi posición en el campo. ¡Su desilusión dura solo unos segundos cuando le digo que trabajaba en el departamento de relaciones públicas!

Ahora, imagina si le contara esa experiencia a un niño en edad escolar, digamos de la escuela primaria. Sentiría entusiasmo por saber de la entrevista que les hice a los Bears, con Walter Payton, pero luego tendré que hacer un esfuerzo por lograr que la conversación vuelva al tema espiritual que la originó. Entonces, aprendí que tengo que tomar en cuenta con cuidado los detalles que incluiré en mis historias con los chicos.

Considera el impacto que tiene una historia en la que describes a un niño cómo Jesús, puede ayudar a una persona a conquistar su adicción al alcohol o las drogas. Claro que Cristo será victorioso en tal situación. Pero ese no es el tema. Se presenta un problema si el niño que oye la historia vive en un hogar donde sufre las consecuencias del abuso del alcohol o las drogas. Y si es así, lo más probable es que como es víctima de esa situación, supondrá que el adulto redimido pertenece a la categoría de los malos.

Susan Ahadid, directora de capacitación de Promiseland, ofrece una valiosa perspectiva sobre los detalles en relación a un tema de conversación mucho más común. Específicamente aconseja a los adultos a no centrar demasiado su historia o conversación en el cielo solamente, como razón para la salvación. «Pasar la eternidad con Dios en el cielo es una piedra fundamental para el cristiano y los niños necesitan entenderlo», dice. «Pero si solo te centras en ello, algunos niños podrían asustarse del cristianismo porque pensarían que quienes aceptan a Cristo tienen que morir enseguida».

No malinterpretes esta dinámica. No está aconsejándote que no cuentes historias, ni que omitas verdades espirituales importantes. Lo que te aconseja es que seas sensible al impacto que puede tener en quienes te escuchan. Muchas veces, solo hace falta usar palabras distintas para mantener el significado sin introducir distracciones. Por ejemplo, si mi historia incluyera la mención de beber agua, quizá a uno de los niños se le ocurrirá que tiene sed y quiera ir al bebedero, y tras él, querrían ir más. ¡Mi única esperanza en ese momento sería preguntar si alguien quiere oír una historia de mis días como jugador profesional de fútbol!

Reexamina los detalles y se sensible al impacto que pueden tener en quienes te escuchan.

Puntos de partida

Si crees que el desafío de aplicar estas cuatro dinámicas cada vez que hablas con niños es algo difícil de lograr, entonces eres realista. El éxito llegará con la práctica. Y eso está bien. He estado enseñando estas dinámicas durante varios años, pero todavía hay ocasiones en que me saco la tarjeta roja porque cometo un error. Un buen punto de partida, y realista además, es escuchar el lenguaje descriptivo que usan los niños en tu lugar de servicio. Si trabajas en un ministerio para niños, escúchalos cuando hablan entre sí en la iglesia y también fuera de ella. Si eres padre o madre, presta atención a las conversaciones que mantienen tus hijos con los demás niños.

Tómate unos momentos para imaginar la vida desde la perspectiva de un niño antes de que llegue la oportunidad para hablarle de la fe. Visualiza ahora mismo qué le dirías sobre los temas básicos del cristianismo. ¿Qué piensas que tendría sentido para el niño? ¿Qué tienes en común con los niños que te rodean? ¿Qué conexión existe entre sus vidas y las verdades de la Biblia? (Una pista: ¡hay mucho en común!). Aquí el desafío para ti es pensar en lo que podrías decir, aplicando las cuatro dinámicas, *antes* de tener que decirlo.

Para prepararte más específicamente, pídele a un niño o a una niña que te describan su relación con Jesús, y sintoniza bien las palabras que oyes. Si no puedes preguntarle esto a un niño que conozcas bien, te presto la ayuda de mi hija. Cuando tenía siete años escribió lo que pensaba sobre la relación con

Jesús, como si estuviera contándoselo a una amiga. Yo lo llamo el Evangelio según Erin. Aquí está lo que escribió (con mucha ayuda de la herramienta de corrección de ortografía y gramática de nuestra computadora):

> Tienes que conocer a Jesús antes de hacerlo [orar]. Tienes que saber que vino a la tierra por nosotros. Les explicó a las personas como vivir y cómo ser buenos con los demás. Para que podamos ir al cielo murió en una cruz. Es como si la gente lo conociera aquí, pero él en realidad está en el cielo; aunque no está muerto. Jesús nos lava de las cosas malas que hicimos, como bañarte con agua y jabón.
>
> ¡Te digo cómo ser amigo de Jesús para siempre! Solo tienes que orar: «En mi vida hice muchas cosas mal y quiero ir al cielo. Así que quiero que lo que hizo Jesús al morir, cuente para mí. Por favor, quédate conmigo toda mi vida y ayúdame a vivir mi vida como Tú quieres que la viva. Amén».
>
> Pero solamente puedes ser el mejor amigo de alguien si lo conoces, y por eso necesitas estar con Jesús. Tienes que conocerlo primero y luego decir esa oración.
>
> Lo mejor de ser amigo de Jesús para siempre es ¡que siempre está contigo! A veces digo: «Jesús, tengo miedo, ayúdame». Y después él hace algo que me quita el miedo. Pero cuando no me lo quita corro a la habitación de mamá y papá.
>
> Me gustaría que todos pudieran ser amigos de Jesús.

Erin usa palabras más sencillas de las que tú o yo podríamos elegir. Sin embargo, su lenguaje comunica el mensaje de Cristo y probablemente sería efectivo ante una audiencia de pequeños. Es difícil poder hablar concentrándote en quien te escucha, pero no es un concepto nuevo.

En Hechos 2, el día de Pentecostés cuando el Espíritu Santo descendió sobre los creyentes, aulló el viento y algo como lenguas de fuego tocó a todos los que estaban allí. Lo que sucede luego se relaciona con nuestro desafío. La gente que estaba afuera del edificio donde sucedía todo esto, oía que otros hablaban en sus diferentes idiomas, en la lengua de su lugar de origen. Y las palabras parecían provenir del grupo homogéneo de los seguidores de Cristo. La reacción fue de asombro: «"Judíos y prosélitos; cretenses y árabes: ¡todos por igual los oímos proclamar en nuestra propia lengua las maravillas de Dios!" Desconcertados y perplejos, se preguntaban: "¿Qué quiere decir esto?"» (versículos 11-12).

Para nosotros significa que cuando mantenemos en mente las cuatro dinámicas de la comunicación con los niños, declararemos las maravillas de Dios de manera que puedan entenderla ¡y no harán falta las lenguas de fuego! Estos principios harán que nuestras conversaciones con los niños sean más efectivas, no importa de qué tema traten. Además, a los chicos les gusta que el adulto les explique algo de manera que de veras puedan entenderlo.

Así que pongamos en funcionamiento las cuatro dinámicas clave. El próximo capítulo nos lleva paso a paso por el proceso de preparación del adulto para que pueda contar la historia de cómo llegó a ser cristiano. Después, veremos la explicación del plan de salvación y cómo orar para poder ser seguidor de Cristo.

Ejercicios

1. Anota palabras y términos abstractos que hayas oído en el ministerio para niños y que puedan confundirlos. ¿Has usado ese lenguaje?

2. Anota los nombres de los niños con los que interactúas regularmente en el ministerio. Junto a cada nombre, anota uno o más artículos que tengan que ver con la etapa de desarrollo de cada uno.

3. Haz una lista con viñetas, que contenga características de las vidas de los niños de hoy. Además de cultura y actividades incluye actitudes típicas con respecto a Dios, Jesús, la iglesia y el cristianismo. Subraya lo que sea similar a lo que había en tu infancia. Conserva esta lista como guía para relacionarte con los niños.

CAPÍTULO 3

Cuéntales tu historia

El honor de ser el mejor parque temático que se conozca le corresponde a Disney World, en Orlando, Florida. Una visita a Disney es lo más excitante virtualmente, para, cualquier niño. En efecto, la sola anticipación del viaje genera diversión. Al menos así fue para mi esposa y para mí. Y por eso les anunciamos a los niños: «¡Vamos a ir a Disney World!», con un año de anticipación. Lo que queríamos era lograr toda la emoción y diversión posible en los días del viaje y los planes de organización.

Así que, mientras yo me dedicaba a inyectar más y más entusiasmo en casa, mi esposa prácticamente se graduó como organizadora de viajes a Disney. Hizo de todo: llamadas telefónicas, conversó con otras familias, leyó libros, investigó en Internet. Y cuando llegamos, seguimos su plan al detalle para aprovechar al máximo cada momento. Mi tarea consistía en cargar el equipaje. Con una sonrisa.

Como resultado de la incansable investigación de Becky, el viaje rindió todo su potencial para darnos alegría ya que conocíamos los lugares, los juegos y estrategias que nos permitirían evitar largas filas. Y aunque muchos libros afirman darte consejos geniales sobre Disney, descubrimos que las recomendaciones e historias de las personas que conocemos resultaron ser la guía de oro.

Eso fue así en especial para nuestra hija, Erin. Su mejor amiga Lauren le había dicho varias veces que el mejor juego de Disney era la montaña del espacio. Desafortunadamente para mí, además de acarrear el equipaje mi tarea oficial es la de ser acompañante en los juegos. Como Lauren le había hablado tanto de la montaña del espacio, Erin estaba decidida a que pasáramos cada momento libre volando hacia los desconocidos rincones de la galaxia. Por lo menos a mi hijo le gustan las montañas rusas a plena luz del día, donde puedes ver que se aproxima la caída o el giro abrupto (si tengo los ojos abiertos, claro está).

A decir verdad hay otras atracciones en Disney que también son un desafío para la gente como yo. En retrospectiva no sé qué fue lo que me causó más miedo, si el temor a que la montaña del espacio fuera mi último viaje en esta vida, o el viaje en bote con miles de muñequitos cantando: «Es un mundo pequeño después de todo». Afortunadamente, esto último no estaba en la lista de recomendaciones de Lauren, así que no apareció en el conjunto de «cosas para volver a hacer». Pero la montaña del espacio sí estaba allí.

Después de nuestra tercera vuelta en esa lucha contra la montaña rusa «asesina», entendí que los niños valoran las experiencias de los demás. Porque si no hubiera sido por lo que su amiga le había dicho, mi hija y yo habríamos pasado más tiempo en otros juegos. Claro que confiamos en su amiga porque para eso están los amigos: confiamos en que nos dicen la verdad. Y confiamos más en su testimonio que en cualquier otro mensaje, cartel o aviso que quiera persuadirnos de algo. No hay sustituto para el testimonio personal.

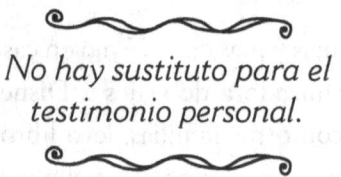
No hay sustituto para el testimonio personal.

Aunque la montaña del espacio es divertida (para Erin y Lauren, al menos), esa emoción palidece en comparación con la montaña rusa más increíble de la vida: la relación con Jesús. Pídele a cualquier seguidor de Cristo que te cuente su testimonio personal. ¿O crees que no debieras hacerlo? Porque el hecho de que alguien pueda dar testimonio no garantiza que sepa contarlo bien. Afortunadamente, solo hace falta un poco de preparación para aumentar las posibilidades de que sea efectivo.

Principios básicos del testimonio firme

La mejor forma de empezar a prepararte es pensar en cómo llegaste a ser cristiano. ¿Por qué? Porque el testimonio personal tiene mucho peso. Ofrece a quien escucha un valor real. Cuando cuentas sobre tu viaje a la fe ilustras el hecho de que Jesús cambia las vidas de las personas reales, hoy, y no solo las de los personajes de la Biblia, hace dos mil años. El testimonio hace que los vastos conceptos del cristianismo sean intensamente personales y creíbles.

Piensa en esta analogía: una conversación sobre el fútbol con tus amigos, alrededor del refrigerador, es muy distinta a una conversación sobre el fútbol con un jugador de la NFL. ¿Por qué? Porque con el jugador puedes hablar de la experiencia real en la cancha con alguien que en realidad practica el deporte y no con quien solo lo ve y lo comenta. Y aunque muchas personas tienen su opinión y comentarios sobre la religión, quizá seas el único cristiano adulto que otros conozcan. Tal vez seas el único en quienes pueden confiar, el único que juega con ellos y está dispuesto a tocar un tema como la experiencia personal de la fe.

Bill Hybels, pastor principal de Willow Creek, afirma que este tipo de conversación tiene valor. «El mayor regalo que puedes darle a alguien es la historia de Jesús y de cómo él transforma vidas, en especial, la tuya».[13] Ese regalo hay que envolverlo con mucho cuidado, sin embargo, para que sea efectivo. Con eso en mente, Bill enumera los atributos clave que vale la pena tener en cuenta:

- Que sea claro.
- Que use la terminología adecuada.
- Que sea breve.[14]

Si no presto atención a eso, mi historia no seguiría ninguno de estos principios. La tuya quizá tampoco. Añádele a esta lista el requisito de relacionarte bien con los niños, y se hará evidente la necesidad de trabajar para lograr todo esto. En este capítulo vamos a ocuparnos de cómo presentar y pulir nuestras historias personales, para poder contárselas a los niños con confianza y efectividad.

Es muy bueno que la receptividad al «mejor regalo que puedas darle a alguien» sea alta, en especial si hablas con niños. El ganador del premio al Maestro del Año en Illinois, Bob Grimm, se refiere a este punto cuando aconseja a los educadores: «Cuéntenles a los niños historias personales. A ellos les interesa oírlas».[15]

Tu testimonio entonces, será lo que cuentes después de decir: «A mí me pasó esto». Y acepta la responsabilidad de comunicar bien esa historia. Es un gran desafío si tomas en cuenta su potencial: como resultado, puedo ayudar a los niños a entender que necesitan tener una relación personal con Jesús cuando les cuento mi experiencia particular con Jesús. Lo mismo vale para ti. Así que, vamos a trabajar con nuestras historias.

Tu testimonio entonces, será lo que cuentes después de decir: «A mí me pasó esto».

El apóstol entrenador

Vamos a basar nuestros testimonios en un esquema de tres partes que nos servirá como ayuda, memoria y guía para la organización. Para contar tu historia tienes que poder recordarla de inmediato. Y para contarla bien, tienes que articularla de acuerdo a la lógica que puedan seguir quienes te escuchan. Mark Mittelberg, Bill Hybels y Lee Strobel, en la *Guía del líder* de *Conviértase en un Cristiano Contagioso*, sugieren que sigamos la dirección que nos da Hechos 26 y examinemos el esquema de tres partes utilizado por Pablo.

Su testimonio contiene tres períodos bien diferenciados y en secuencia. Al ver las palabras de Pablo, piensa en tu propia historia y específicamente en cómo describirías tu vida usando estas tres etapas: antes de ser cristiano («A.C.», digamos), tu conversión («Cruz») y la vida después de convertirte («D.C.»). Las preguntas te ayudarán a seguir este proceso de autorreflexión. Tus respuestas, serán los bloques con los que edificarás más adelante en este capítulo.

A.C. (Antes de Cristo, antes de tu conversión)

Pablo inicia su testimonio personal ante el rey Agripas con una descripción de su vida antes de que decidiera seguir a Cristo:

> Todos los judíos saben cómo he vivido desde que era niño, desde mi edad temprana entre mi gente y también en Jerusalén. Ellos me conocen desde

hace mucho tiempo y pueden atestiguar, si quieren, que viví como fariseo, de acuerdo con la secta más estricta de nuestra religión. Y ahora me juzgan por la esperanza que tengo en la promesa que Dios hizo a nuestros antepasados. Esta es la promesa que nuestras doce tribus esperan alcanzar rindiendo culto a Dios con diligencia día y noche. Es por esta esperanza, oh rey, por lo que me acusan los judíos. ¿Por qué les parece a ustedes increíble que Dios resucite a los muertos?

Pues bien, yo mismo estaba convencido de que debía hacer todo lo posible por combatir el nombre de Jesús de Nazaret. Eso es precisamente lo que hice en Jerusalén. Con la autoridad de los jefes de los sacerdotes metí en la cárcel a muchos de los santos, y cuando los mataban, yo manifestaba mi aprobación. Muchas veces anduve de sinagoga en sinagoga castigándolos para obligarlos a blasfemar. Mi obsesión contra ellos me llevaba al extremo de perseguirlos incluso en ciudades del extranjero (Hechos 26:4-11)

Pablo utiliza un lenguaje muy específico que pinta una imagen vívida de él como celoso fariseo y firme opresor de los seguidores de Jesús. La importancia de su descripción es que realza la transformación de vida que produce Jesús. Todos hemos tenido experiencias en la vida antes de conocer a Jesús como Señor y Salvador. La mayoría serán no tan viciosas como las de Pablo, pero aun así, todos estábamos perdidos igual que él. Como esta era es anterior a Cristo, la llamamos A.C.

Para estimular el surgimiento de ideas con respecto a tu propia era A.C., anota tres palabras clave que te vengan a la mente cuando leas estas preguntas:

1. ¿Cómo eras, personal o espiritualmente, antes de convertirte en seguidor de Cristo?
2. ¿Qué fue lo que te hizo pensar en acercarte a Dios, Cristo?

Cruz (conversión)

En Hechos 26:12-18 Pablo brinda detalles de su conversión en el camino a Damasco:

En uno de esos viajes iba yo hacia Damasco con la autoridad y la comisión de los jefes de los sacerdotes. A eso del mediodía, oh rey, mientras iba por el camino, vi una luz del cielo, más refulgente que el sol, que con su resplandor nos envolvió a mí y a mis acompañantes. Todos caímos al suelo, y yo oí una voz que me decía en arameo: «Saulo, Saulo, ¿por qué me persigues? ¿Qué sacas con darte cabezazos contra la pared?» Entonces pregunté: «¿Quién eres, Señor?» «Yo soy Jesús, a quien tú persigues —me contestó el Señor—. Ahora, ponte en pie y escúchame. Me he aparecido a ti con el fin de designarte siervo y testigo de lo que has visto de mí y de lo que te voy a revelar. Te libraré de tu propio pueblo y de los gentiles. Te envío a éstos para que les abras los ojos y se conviertan de las tinieblas a la luz, y del poder de Satanás a Dios, a fin de que, por la fe en mí, reciban el perdón de los pecados y la herencia entre los santificados.»

En estos versículos Pablo relata con claridad cómo conoció a Jesús y lo hace de manera que podamos entenderlo sin problemas. Observa que la descripción se centra siempre en la experiencia de Pablo, y que no se amplía para convertirse en un sermón sobre el plan de salvación. Porque esa era es el punto en que Cristo entra en la vida de Pablo y lo convierte, la llamamos la «cruz».

Para ayudarte a pensar en tu propia era de la cruz, anota las palabras clave que te vengan a la mente al leer estas preguntas:

1. ¿De qué te diste cuenta, que finalmente te motivó a seguir a Cristo?
2. Específicamente, ¿qué hiciste para convertirte en cristiano?

D.C. (Después de la conversión)

En la tercera parte de la historia que leemos en Hechos 26, Pablo habla sobre su vida después de la conversión:

Así que, rey Agripa, no fui desobediente a esa visión celestial. Al contrario, comenzando con los que estaban en Damasco, siguiendo con los que estaban en Jerusalén y en toda Judea, y luego con los gentiles, a todos les prediqué que se arrepintieran y se convirtieran a Dios, y que demostraran su arrepentimiento con sus buenas obras. Solo por eso los judíos me prendieron en el templo y trataron de matarme. Pero Dios me ha ayudado hasta hoy, y así me mantengo firme, testificando a grandes y pequeños (vv. 19-22).

Existe un profundo contraste entre el Pablo de los versículos 19-22 y el hombre que se describe en 4-11. Y allí está el poder del testimonio personal: la vida, claramente transformada como resultado de Jesús. Como Pablo describe al hombre diferente en que se convirtió después de que entrara en escena Jesús, llamamos a esta era «la era D.C.»

Para ayudarte con las ideas de tu propia era D.C., anota palabras clave que te vengan a la mente cuando leas estas dos preguntas:

1. ¿Cómo empezó a cambiar tu vida después de que empezaste a seguir a Cristo?
2. ¿Cuáles son las diferencias más claras en tu vida ahora que sigues a Cristo, en comparación con tu vida en la era A.C.?

Testimonios actuales

La fórmula A.C.-Cruz-D.C. funcionó bien para Pablo y sigue sirviendo al mismo propósito en nuestros días. Veamos dos testimonios de hoy, como prueba de ello.

Dennis cuenta su historia

En los dos capítulos anteriores mencioné a Dennis, líder de un grupo de niños de tercer grado todos los domingos. Cuando cuenta su historia, combina este esquema de tres partes con las cuatro dinámicas de la comunicación que vimos en el capítulo 2 para darles un testimonio que a los chicos les encanta.

A.C.

«Hola chicos, me gustaría contarles una historia sobre un muchacho de unos ocho años. Le encantaba jugar al béisbol, al fútbol y en especial al baloncesto. Ahora, no era el mejor en el equipo todo el tiempo y no siempre lo elegían primero para jugar, pero cuando jugaba lo hacía con todas sus ganas. También iba a la iglesia casi todas las semanas y aprendía muchas de las historias de la Biblia.

Un día le contaron la historia de cómo Jesús tuvo que morir en la cruz aunque no lo merecía. Así que, después de la iglesia el muchacho le contó la historia a su mamá. Ella le preguntó si querría hablar con el pastor para saber más, a él le pareció que era una buena idea.

Estaba un poco nervioso, pero fue y se sentó a hablar con el pastor. Descubrió que era un tipo bastante simpático y se sentía cómodo hablando con él. El pastor le preguntó si alguna vez había hecho algo que a su mamá y su papá no les gustara. Bueno, como en realidad no podía mentirle al pastor, el chico dijo que sí. El pastor le dijo que esas son las cosas que Dios llama pecados. Y por eso Jesús tuvo que hacer lo que hizo: librarnos de todos nuestros pecados. El pastor le preguntó si le gustaría orar por sus pecados en ese momento y el chico dijo que sí, pero se sentía nervioso. El pastor empezó a orar pero vio que el niño no estaba orando con él. Así que le pidió a Dios que ayudara al chico a conocerle mejor».

La cruz

«Bueno, el chico siguió yendo a la iglesia durante mucho tiempo y jugando al baloncesto y a otras cosas, como hacen todos los demás chicos. En realidad, un día terminó siendo capitán de su equipo de béisbol. El líder de su grupo de menores estaba allí un día en que se jugaba un partido y cuando el juego terminó, le explicó a un grupo de chicos que en la Biblia dice que tenemos que ir a pedirle a Jesús que sea nuestro amigo. Que nadie puede hacerlo por nosotros. Inmediatamente el muchacho se acordó del momento en que estaba sentado con el pastor, y cómo había orado el pastor para que pudiera ser buen amigo de Dios. Vio que nunca le había dicho él mismo a Jesús que necesitaba perdón por todo lo malo que había hecho. Decidió en ese momento orar con el líder del grupo de menores para que Jesús fuera su amigo, para que lo perdonara y para que Jesús asegurara que pudiera ir al cielo un día».

D.C.
«Desde ese momento el chico supo que Jesús siempre estaría con él y que pasaría la eternidad en el cielo. La razón por la que les cuento esta historia es que sé que es verdad. Y lo sé porque el chico de la historia soy yo. Verán, después de hablar con mi líder del grupo de menores entendí que lo único que tenía que hacer era orar para iniciar una verdadera relación con Jesús. Y es lo que hice. Si están listos para orar a Jesús me gustaría hacerlo con ustedes como lo hizo mi líder conmigo. Pero si no están listos todavía, está bien. Podemos pasar todo el tiempo que quieran hablando de esto para que puedan entenderlo de veras».

Mi testimonio
He tenido varias oportunidades para relatar mi propia historia de salvación durante los fines de semana de Promiseland, y también hablando con mis hijos o con otros adultos. Los tres párrafos que hay a continuación contienen las palabras que suelo decir después de «Aquí está lo que me pasó a mí».

A.C.
«Crecí yendo a la iglesia todos los fines de semana. Allí oía hablar mucho sobre la Biblia. ¿Alguna vez les ha tocado aprender mucho de algo, sin poder entender de veras de qué se trata? Admito que en realidad no veía por qué me tenía que importar lo que le había pasado a la gente hace tanto tiempo. Y por esa actitud mía, para mí Dios era alguien muy lejano a mi mundo. Lamentablemente, como creía eso hice muchas cosas, aun sabiendo que no estaban bien. ¿A quién le importaba un Dios que estaba tan lejos, tan lejos, si podía salirme con la mía haciendo lo que quisiera aquí mismo? Durante muchos años, hasta que cumplí veintinueve años, mi vida fue una montaña rusa: me divertía muchísimo y enseguida venían los momentos malos... luego volvía a divertirme y el ciclo se repetía».

La cruz

«Entonces, unos amigos con quienes mi esposa y yo salíamos a menudo, nos invitaron a la iglesia. Al principio íbamos para tener un lugar donde ir en Navidad y Pascuas, porque no teníamos una iglesia en especial donde pudiéramos ir. Pero nos gustó esa iglesia y decidimos seguir yendo todas las semanas. Un domingo oí un mensaje que me hizo entender algo: el pastor habló de que Dios quiere tener una relación personal con cada uno de nosotros, hasta con la gente como yo. Y por primera vez en mi vida entendí lo que significa tener una relación con Dios. Y me gustó la idea. Oí que podía iniciar esta amistad con solo orar a Jesús. Y eso hice».

D.C.

«Y ahora, ¿adivinan? Sigo divirtiéndome y teniendo momentos que no son tan buenos, pero está bien porque Jesús está conmigo todo el tiempo, como sucede con tu mejor amigo. Me gusta vivir cada día asombrado y agradecido porque él sea tan buen amigo de alguien como yo, guiándome, ayudándome y amándome».

Tu propia historia

Hay dos cosas que tenemos que destacar en cuanto a los testimonios. Primero, que las dos historias que acabas de leer son adecuadas para hablar con niños, pero que muy posiblemente cambiarían si se las contáramos a los adultos. Cuando comparto mi testimonio con otros adultos, por lo general doy detalles de mis eras A.C. y D.C., en cuanto a mis momentos buenos y malos. Pero como filtro mis comentarios con las cuatro dinámicas de la comunicación, en especial en torno a los detalles que pueden distraer a los niños, para ellos tengo que contar mi historia así como aparece aquí. La esencia es la misma.

Las personas que se convierten y salvan a edad muy temprana se preguntarán si este esquema de las eras A.C.-Cruz-D.C. funcionaría en su caso.

En segundo lugar, las personas que se convierten y salvan a edad muy temprana se preguntarán si este esquema de las eras A.C.-Cruz-D.C. funcionaría en su caso. Si te cuentas entre ellos, creo que tienes una ventaja por sobre los que nos salvamos más tarde. El hecho de que cuando eras pequeño decidiste ser cristiano establece un terreno común muy sólido con quienes te escuchan. Así que puedes incluir sin problemas, frases que comiencen con: «Cuando tenía más o menos tu edad...», «Algo grandioso me pasó cuando tenía seis años...» u otras palabras que te permitan volver a tu infancia.

Versión resumida

Tanto si tu historia se refiere a tu infancia, como si habla de una época más reciente, deberás prestar atención a la duración. Si fueras a escribir tu testimonio en este momento, es muy posible que, como Dennis y yo, terminaras con una versión tan larga como la de Hechos 26. Es posible que no pudieras recordarlo todo, además. Así que no empieces a escribir todavía. Vamos a simplificar.

Afortunadamente, el apóstol Pablo nos ayuda una vez más. En Gálatas 1:13-17, relata su historia de conversión en una versión mucho más corta:

> Ustedes ya están enterados de mi conducta cuando pertenecía al judaísmo, de la furia con que perseguía a la iglesia de Dios, tratando de destruirla. En la práctica del judaísmo, yo aventajaba a muchos de mis contemporáneos en mi celo exagerado por las tradiciones de mis antepasados. Sin embargo, Dios me había apartado desde el vientre de mi madre y me llamó por su gracia. Cuando él tuvo a bien revelarme a su Hijo para que yo lo predicara entre los gentiles, no consulté con nadie. Tampoco subí a Jerusalén para ver a los que eran apóstoles antes que yo, sino que fui de inmediato a Arabia, de donde luego regresé a Damasco.

La narrativa de Pablo en Gálatas 1 cuenta lo mismo que Hechos 26, pero en forma condensada. Para probar la manera en que lo mismo puede hacerse con las historias de hoy, veremos las versiones resumidas de Dennis y la mía. Si un niño (¡o un adulto!) tiene atención lábil y solo pueden prestarnos oídos

durante unos minutos o no hay demasiado tiempo, la versión compacta quizá sea lo único que puedas contar.

Versión corta de la historia de Dennis

1. Cuando era niño iba a la iglesia todos los domingos y aprendía todo sobre Jesús y la Biblia.

2. Además, el pastor de nuestra iglesia oró conmigo para que yo siguiera a Jesús.

3. Pero cuando fui mayor alguien me ayudó a entender que tenía que orar yo mismo para seguir a Jesús y pedirle que me perdonara mis pecados. Y eso hice.

4. Ahora sé que Jesús es mi amigo y que un día estaré con él en el cielo.

Mi historia en versión resumida

1. De niño iba a la iglesia y oía mucho sobre la Biblia. Eso pasó durante muchos años pero no me parecía importante y para mí Dios era alguien muy lejano.

2. A los veintinueve años, sin embargo, me enteré de que Dios quiere tener una relación personal con cada uno, incluso conmigo.

3. Lo único que tenía que hacer era iniciar esa amistad con Jesús, orando. Y eso hice.

4. Hoy estoy asombrado de poder vivir sabiendo que él está cerca, guiándome, ayudándome y amándome.

Tú también puedes hacerlo

Mientras entrenaba a gran cantidad de obreros en el ministerio para niños le pregunté a Megan, una de las estudiantes, si podía contarnos su historia como se la cuenta a los niños. La entusiasta respuesta a sus palabras les hizo ver a todos que lo breve puede tener gran impacto. Sospecho que al oír que alguien joven cuenta su historia, todos se convencen de que también pueden contar las suyas en pocas palabras.

1. Empecé a ir a Promiseland cuando estaba en el segundo grado.

2. Tenía un líder muy bueno que respondía todo lo que le preguntaba.

3. Finalmente, en cuarto grado, admití que peco y creí en que Jesús murió por mis pecados.

4. Entonces le pedí a Jesús que fuera mi amigo para siempre. Y sigue siendo mi mejor amigo.

Megan nos muestra que la descripción de un viaje que lleva a descubrir la fe, puede ser una historia breve. Angie Walker, de la First Reformed Church [Primera Iglesia Reformada] en Grandville, Michigan, también cree lo mismo:

> Este curso me hizo ver que es importante contarles mi testimonio a todos, niños o adultos. Y también me hizo ver que no hace falta, y no debería, ser complicado. La clave está en la historia simple y sencilla.

La mayoría de las personas pueden recordar cuatro oraciones y especialmente, si tratan sobre sus propias vidas. El primer paso es usar lápiz y papel. Cuando termines de leer este capítulo escribe cuatro oraciones que resuman la historia de tu conversión.

Comienza con las palabras clave que anotaste antes, al terminar de leer las secciones de cada una de las eras. Luego, agrega los detalles necesarios. Pero por ahora solo concéntrate en formar cuatro oraciones que te resulten fáciles de recordar. De ese modo podrás compartir tu testimonio en cualquier momento. Y con la realidad de los períodos cortos de atención, con cuatro oraciones te bastará. Así que, centra tu historia en cuatro oraciones. Al final de este capítulo encontrarás más ejemplos.

Filtrar

No olvides aplicar las cuatro dinámicas de la comunicación del capítulo anterior para que el lenguaje que usas sea adecuado para los niños. Filtra tu historia con las dinámicas usando estas preguntas mientras escribes:

A.C.

1. ¿Es este estilo o situación de vida algo con lo que los niños se pueden identificar? Si no lo es, simplifícalo.

2. ¿Se distraerá el niño con los detalles de mi estilo de vida o de mi pecado en el pasado? Si es así, modificar u omitir.

La cruz

1. ¿Queda claro que decidí actuar cuando acepté a Cristo? Si no, hay que ser más específico.
2. ¿Puede un niño entender y aplicar la acción de la que le hablo? Si no es así, hay que volver a redactar esta parte.

D.C.

1. ¿Es fácil entender el cambio que Cristo marcó en mi vida? Si no lo es, hay que describirlo de manera distinta, o centrarse en algún otro tipo de cambio.
2. ¿Describo mi vida como cristiano de manera clara para que un niño la entienda? Si no es así, hay que usar palabras más sencillas como las que usan los niños cuando describen aspectos de la vida.

Refinar

Para que tu historia sea más firme, considera el testimonio abreviado de Pablo en Gálatas 1:23. Con pocas palabras reconoce que solía perseguir a la iglesia y que ahora proclama su fe. O lee Juan 9, donde el hombre que era ciego ahora puede ver. Estas descripciones, de una sola oración, muestran la marcada diferencia entre la vida A.C. y la vida D.C. «Perseguir» se convierte en «proclamar». «Ciego», en «veo». ¿Por qué? Porque Jesús marcó la diferencia. Estructura tu historia para que también muestre una transformación de vida que se identifique con Jesús.

Estructura tu historia para que muestre una transformación de vida que se identifique con Jesús.

Si organizas tu historia y la refinas hasta lograr cuatro oraciones que sean fáciles de recordar, verás que el proceso lleva tiempo y esfuerzo. Pero obtendrás un relato claro y conciso de tu viaje a la fe. Si explicas demasiado y te vas por las ramas, solo producirías confusión. Como dijo Philippe de Commynes, un escritor de fines del siglo quince: «Uno nunca se arrepiente de haber dicho demasiado poco, pero sí de haber dicho demasiado».[16]

El beneficio

La primera vez que surjan en tu mente las cuatro oraciones, en el momento oportuno, verás el beneficio de tu esfuerzo, para ti y para quienquiera que te esté escuchando. Peggy Rice, una ex estudiante del curso de capacitación sobre este tema que hoy enseña a otros en Wisconsin a hacer lo mismo, dice que este ejercicio contribuye a que uno adquiera mayor confianza en sí mismo:

> Al resumir mi historia en cuatro oraciones, pude «desmitificar» todo eso del dar testimonio. Es muy lindo poder decirles a las mujeres que se sientan a mi mesa que no necesitan sentirse intimidadas por tener que escribir su testimonio, que solo tienen que escribir la historia de su relación con Jesús, con lápiz y papel. Luego las animo a hacerlo en cuatro oraciones que un niño pueda entender. La palabra «testimonio» puede parecer algo muy complicado, pero cuando hablamos de ellos como solamente relatar lo que Dios hace o ha hecho en tu vida, parece mucho más fácil.

Desde que regresamos de Disney World muchos amigos nos han preguntado sobre el viaje: lo que nos gustó, lo que haríamos diferente, y si la montaña del espacio es tan excitante como dicen. Los que nos preguntan eso parecen tomarse en serio lo que les contamos y hasta nos dicen que quieren duplicar las actividades y seguir las estrategias que les recomendamos. No nos hizo falta escribir un libro sobre nuestra experiencia. Solo hay que decirles: «Aquí está lo que nos pasó a nosotros». No hay sustituto para el testimonio personal.

Y el primer paso para que des tu testimonio personal, está a solo cuatro oraciones de aquí.

Ejercicios

1. Escribe tu historia:

Mi historia

1.

2.

3.

4.

2. Lee tus cuatro oraciones en voz alta y tómate el tiempo. Si dura más de un minutos acorta tus oraciones.

3. Comparte tus oraciones con al menos dos adultos más. Pídeles su opinión en cuanto a la claridad. Haz los cambios necesarios.

Otros ejemplos de testimonios en cuatro oraciones

Peggy

Madison, Wisconsin

1. Antes de convertirme en cristiana, iba a la Escuela Dominical, jugaba con mi hermana y mis amigos y me portaba bien.

2. Pero aprendí de la Biblia que ¡solo con portarme bien no podía ir al cielo!

3. Entonces le pedí a Jesús que me perdonara por las cosas malas que había hecho y que fuera mi amigo para siempre.

4. Y ahora sé que un día estaré en el cielo con Jesús para siempre, que Jesús siempre estará conmigo, me ayudará todos los días y que puedo conocerlo mejor leyendo la Biblia y orándole.

Angie

Grandville, Michigan

1. Crecí yendo a la iglesia y a la Escuela Dominical, pero no vivía como Jesús quería.

2. Cuando estaba en quinto grado me pasó algo que me asustó y me hizo sentir muy sola.

3. Entonces vi que la única forma en que podía pasar por ese tiempo de miedo y soledad era aceptando a Jesús.

4. Desde entonces ya no me siento asustada ni sola porque sé que Jesús es mi amigo.

Gary

Peoria, Illinois

1. Mis padres me amaban tanto que me llevaban a la iglesia todas las semanas.

2. Durante muchos años oí que Jesús quería ser mi amigo.

3. Una noche vi que necesitaba invitar a Jesús a mi vida para que fuera mi amigo. Mi mamá oró conmigo después de la iglesia.

4. Ahora, vivo cada día sabiendo que Jesús es mi amigo y viviré con él para siempre.

Alistair

Ciudad del Cabo, Sudáfrica

1. Antes decía muchas malas palabras, no mostraba respeto hacia los demás y no iba a la iglesia.

2. El año pasado unos amigos me invitaron a ir a la iglesia y me gustó.

3. Vi que tenía que cambiar, y decidí entregarle mi vida a Jesús.

4. Desde que lo hice mi vida cambió y mejoró. Tengo más amigos, trato a los demás con más respeto y controlo mis palabras.

CAPÍTULO 4

Cuéntales la historia de Dios

Hay planes que parecen demasiado buenos como para ser verdad. Mi hijo Scott debe haber sentido justamente eso cuando se enteró de que pasaríamos un día entero juntos cada vez que entráramos en uno de los parques de diversiones más conocidos de Chicago. Era fácil entender la idea: «Hoy haremos lo que tú quieras. Puedes elegir lo que sea».

A Scott le encantaba oír esas palabras una vez al año. Es que los niños viven con ciertos límites a la hora de decidir: ir a la hamaca o al tobogán, fideos con salsa o con mantequilla, la tarea antes o inmediatamente después de la comida. Imagina entonces la excitación de entrar en un enorme patio de juegos, lleno de los entretenimientos más geniales, con tu mamá o tu papá, dedicados a ti todo el día y que encima... ¡te nombren jefe por un día! Claro que yo sabía que con una entrada se podía acceder a todos los juegos, así que no corría riesgos económicos. ¿O sí?

Un año llegamos a las 9:45 de la mañana y corrimos apenas abrieron las puertas a las 10:00. Una vez dentro, «el jefe» Scott anunció cuál sería la primera actividad, y allí fuimos. Diez minutos más tarde nos sentamos. A una mesa. A comer conos de helado. Pero no era un cono cualquiera: era una obra de arte que casi me llegaba a la frente en altura ¡y que valía siete dólares! Calculé con un poco de temor el precio de todas las comidas que a él le gustaban, y calculé que para mediodía probablemente estuviera en bancarrota. Tenía que pensar en algo y rápido, porque de lo contrario mi billetera se derretiría más rápido que el helado. Entonces, se me ocurrió algo: la batalla contra su apetito.

«Este tiene que ser el cono de helado más grande del mundo», dije. «¿Crees que podremos comerlo entero?»

Con ese propósito comimos durante los siguientes treinta minutos. Y en verdad, me aseguré de que Scott comiera la mayor parte. Luego de un heroico esfuerzo que requirió de más de veinte servilletas, declaramos que ese cono era el campeón porque todavía quedaban dentro más o menos dos dólares de helado de vainilla. Quizá, debiera decir que era el subcampeón ya que compartí la victoria: Scott no pudo comer nada más durante las siguientes dos horas más o menos.

La razón por la que cuento esto no es para ilustrar los peligros potenciales que corren los adultos que permiten que los niños tomen decisiones en el campo de la nutrición. Tampoco es una lección sobre la administración del dinero. Quiero señalar, en cambio, que Scott vio la oportunidad de un plan genial y decidió aprovecharlo. Para ello tenía que entender el plan que le expliqué y ver cómo podía aplicarse a él, particularmente.

De manera similar los niños necesitan oír del plan más grandioso: el evangelio del plan de salvación, a través de Jesucristo. Y aunque para el adulto cristiano el plan tenga perfecto sentido, explicarlo de manera que un niño pueda entenderlo puede ser un gran desafío. Sin preparación, sin pensarlo antes, la explicación de lo que es la salvación podría sonar a un cuento relatado en lengua extranjera.

Hace unos años mi esposa y yo servimos en un viaje misionero a un orfanato en Baja California, México. Cada día nos uníamos a los equipos de evangelización infantil que visitaban campamentos llenos de niños que quedaban solos porque los adultos o sus hermanos mayores se iban a trabajar en los campos de tomates. Esos bellísimos niños quedaban encantados al ver las camionetas del orfanato llenas de adultos, porque sabían que nuestro único objetivo era visitarlos a ellos en especial.

Lamentablemente, mi español solo me servía para preguntarles cuántos años tenían y dónde quedaba el baño. Por eso, mis tareas incluían lo siguiente: 1) conducir la camioneta; 2) cargar las provisiones; 3) preparar un área pequeña para el estudio bíblico y 4) dejar que los niños se me treparan encima. ¡Ah! y también, claro, sonreír. Después de unos minutos conocía las edades de casi todos y la ubicación de los baños, por supuesto. Y a partir de allí, se encargaban los maestros.

«Jesús quiere estar siempre contigo», es un mensaje consolador para los niños que quedan solos cada día hasta cumplir la edad que les permite ir a trabajar a los campos. Pero tomando en cuenta el público al que nos dirigíamos, jamás se me habría ocurrido darles el mensaje de Jesús en inglés. Esos niñitos de ojos brillantes necesitaban oírlo en palabras que pudieran comprender. De manera similar, los obreros en el ministerio infantil y también los padres, enfrentan el desafío de explicar el más grande mensaje del mundo con palabras que tengan lógica para un niño.

Aunque para el adulto cristiano el plan tenga perfecto sentido, explicarlo de manera que un niño pueda entenderlo personalmente puede ser un gran desafío.

Lo básico, en términos del lenguaje para niños

Afortunadamente, para hablar del plan de salvación con los niños no hace falta que aprendas un nuevo idioma. Es más, así como trabajaste con tu testimonio en el capítulo anterior trabajaremos para que puedas desarrollar un lenguaje adecuado para que los niños te entiendan, usando términos sencillos y conocidos para ellos. Tendrás que tomar en cuenta dos cosas: Primero, debes conocer la historia que contarás. Y segundo, tendrás que usar las palabras adecuadas.

Conoce la historia que contarás

Don sirve como líder de grupos de menores en nuestra sala de tercer grado. Con las ligas de mayores nuestro ministerio presenta periódicamente el plan de salvación del evangelio. La semana posterior a una presentación Don vio que tres niños que habían faltado estaban de regreso en su grupo. Le pidió a su líder asistente que llevara al resto del grupo al servicio de adoración mientras él se quedaba con estos tres. Y en los minutos siguientes les explicó el mensaje que no habían oído. Después de su explicación los tres niños oraron para iniciar una relación con Jesús.

¡Felicitaciones para Don! Pero si estuvieras en su lugar, ¿confías en que sabrías qué decir y cómo decirlo?

Fíjate en la librería más cercana o busca en Internet y encontrarás libros enteros, videos y sitios web que comunican lo que significa ser cristiano. Pero aunque puedes compartir un libro u otros materiales con un adulto, la interacción con un niño requiere de otro tipo de preparación, porque la ventana de la oportunidad para poder comunicar lo que al niño le interesa, se abre y se cierra muy rápido. Por eso tu desafío consiste en conocer los principios básicos de la fe para poder compartirlos con claridad en solo uno o dos minutos. Unas veces tendrás más tiempo, y otras, menos. Pero más allá del tiempo de que dispongas, para empezar tendrás que conocer lo básico.

El curso de capacitación en evangelización que contiene *Cómo ser un cristiano contagioso* sugiere que recordemos el evangelio utilizando un esquema de cuatro partes:

1. Dios
2. Nosotros
3. Cristo
4. Tú y yo

Armado con los cuatro componentes de la historia de Dios podrás compartirla cuando lo necesites y según sea la necesidad. Hay ilustraciones del evangelio muy populares, como el Libro sin palabras[17] y otras herramientas que son en esencia transmisores efectivos de este mismo mensaje.

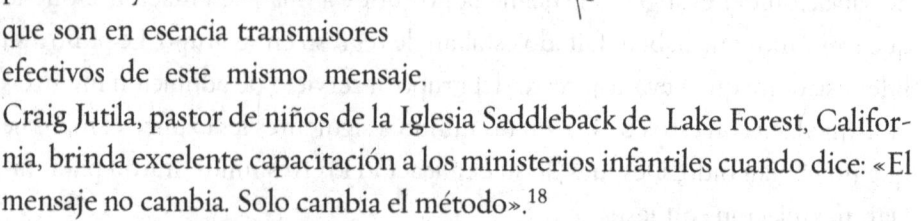

Craig Jutila, pastor de niños de la Iglesia Saddleback de Lake Forest, California, brinda excelente capacitación a los ministerios infantiles cuando dice: «El mensaje no cambia. Solo cambia el método».[18]

Pero antes de examinar el método, veamos el mensaje para comprenderlo del todo. Recorramos las cuatro partes del esquema de *Conviértase en un cristiano contagioso*:

1. Dios

- Él es un Dios santo, perfecto en todo aspecto. Ninguna otra cosa o persona en este mundo puede describirse como perfecta, así que nada puede igualarse si lo comparamos con Dios. Sin embargo, él creó a los seres humanos a su imagen y semejanza, junto con la expectativa de la santidad o la perfección.

  Sean santos, porque yo, el Señor su Dios, soy santo.

  Levítico 19:2

- Él es un Dios amoroso que nos ama, a cada uno, más de lo que podemos imaginar. De hecho, Dios fue quien creó el amor.

  Nosotros amamos a Dios porque él nos amó primero.

  1 Juan 4:19

- Él es un Dios justo, por lo que no mira hacia otro lado ignorando el pecado.

  Yo, el Señor, amo la justicia, pero odio el robo y la iniquidad.

  Isaías 61:8

2. Nosotros

- Todos los seres humanos cometemos pecado. Y comparados con el precioso parámetro de perfección de Dios el pecado pinta una fea imagen del ser humano.

> *Pues todos han pecado y están privados de la gloria de Dios.*
>
> Romanos 3:23

- La deuda que cada persona acumula a causa del pecado da como resultado un único pago, que es la muerte, física y espiritual. Esta muerte espiritual es la completa separación de Dios por toda la eternidad.

> *Porque la paga del pecado es muerte.*
>
> Romanos 6:23

- No importa cuánto nos esforcemos, jamás podríamos ofrecer sacrificio suficiente para borrar todos nuestros pecados. Sin embargo, alguien tiene que hacerlo.

> *¿De qué me sirven sus muchos sacrificios? —dice el Señor.*
>
> Isaías 1:11

3. Cristo

- Jesucristo es Dios hecho hombre y vino a vivir en la tierra.

> *En el principio ya existía el Verbo, y el Verbo estaba con Dios, y el Verbo era Dios... Y el Verbo se hizo hombre y habitó entre nosotros.*
>
> Juan 1:1,14

- Aunque jamás cometió pecado Cristo murió como sustituto de nosotros, castigado por los pecados que cometimos, ofreciéndose a tomar nuestro lugar. Luego de su crucifixión Cristo resucitó, lo cual muestra que tiene poder sobre la muerte. El cristianismo es la fe en alguien que vive aún hoy.

Pero Dios demuestra su amor por nosotros en esto: en que cuando todavía éramos pecadores, Cristo murió por nosotros.

Romanos 5:8

Yo soy el Primero y el Último y el que vive. Estuve muerto, pero ahora vivo por los siglos de los siglos, y tengo las llaves de la muerte y del infierno.

Apocalipsis 1:17-18

- Y Cristo, como Salvador nuestro, nos ofrece completo perdón por todos nuestros pecados, como regalo de gracia.

Pues todos han pecado y están privados de la gloria de Dios, pero por su gracia son justificados gratuitamente mediante la redención que Cristo Jesús efectuó.

Romanos 3:23-24

Porque por gracia ustedes han sido salvados mediante la fe; esto no procede de ustedes, sino que es el regalo de Dios.

Efesios 2:8

4. Tú y yo

- El regalo de la salvación tiene que ser aceptado mediante una respuesta personal al evangelio. Tenemos que invitar a Jesús para que entre en nuestros corazones, como Señor y Salvador y Líder de nuestras vidas.

Que si confiesas con tu boca que Jesús es el Señor, y crees en tu corazón que Dios lo levantó de entre los muertos, serás salvo.

Romanos 10:9

> *Así que tengan cuidado de su manera de vivir. No vivan como necios sino como sabios ... Por tanto, no sean insensatos, sino entiendan cuál es la voluntad del Señor.*
>
> *Efesios 5:15,17*

- En ese momento, somos adoptados como miembros de la familia de Dios.

  > *Mas a cuantos lo recibieron, a los que creen en su nombre, les dio el derecho de ser hijos de Dios.*
  >
  > *Juan 1:12*

- Gracias a la presencia de Cristo en nosotros se produce la transformación espiritual.

  > *Por lo tanto, si alguno está en Cristo, es una nueva creación. ¡Lo viejo ha pasado, ha llegado ya lo nuevo!*
  >
  > *2 Corintios 5:17*

Usa las palabras adecuadas

La explicación del evangelio que acabamos de ver puede ser entendida perfectamente por un adulto, pero las palabras que utilizamos allí no tendrían buen puntaje en cuanto al lenguaje que se destina a los niños. Abundan las frases abstractas y las frases pasarían zumbando de largo, veloces como el sonido sin llegar al corazón y la mente de los niños.

¿Es legal entonces cambiar las palabras del evangelio? Sí. Porque nuestro lenguaje nos brinda opciones con palabras que igualmente preservan el significado. La razón por la que explicamos el evangelio es la esperanza de que un niño tome una decisión transformadora basándose en el entendimiento personal y la fe en el plan de Dios. Para que eso suceda, no podemos utilizar vocabulario complejo porque no es un prerrequisito para el regalo de la gracia. Sin palabras adecuadas al entendimiento del niño, cualquier explicación de la salvación colapsaría, aun si es una herramienta bellísima como la Historia sin Palabras o alguna otra de las que disponemos.

Hechos 14:1 declara la necesidad y el beneficio de compartir el plan de salvación usando palabras adecuadas a la audiencia: «En Iconio, Pablo y Bernabé entraron, como de costumbre, en la sinagoga judía y hablaron de tal manera que creyó una multitud de judíos y de griegos». Las palabras del griego original indican que hablaron «de tal manera que». Es decir que Pablo no cambió el significado ni el mensaje del evangelio. Sencillamente modificó su vocabulario para que se adecuara a sus oyentes. Las palabras «multitud de judíos y griegos» indican que su forma de contar la historia dio un excelente resultado.

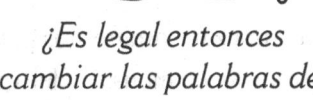

¿Es legal entonces cambiar las palabras del evangelio? Sí. Porque nuestro lenguaje nos brinda opciones con palabras que igualmente preservan el significado.

En 1 Corintios Pablo revela que su forma de predicar, adecuándose a su audiencia, se convirtió en una estrategia deliberada que fue más allá de Iconio:

> Entre los judíos me volví judío, a fin de ganarlos a ellos. Entre los que viven bajo la ley me volví como los que están sometidos a ella (aunque yo mismo no vivo bajo la ley), a fin de ganar a éstos. Entre los que no tienen la ley me volví como los que están sin ley (aunque no estoy libre de la ley de Dios sino comprometido con la ley de Cristo), a fin de ganar a los que están sin ley. Entre los débiles me hice débil, a fin de ganar a los débiles. Me hice todo para todos, a fin de salvar a algunos por todos los medios posibles. Todo esto lo hago por causa del evangelio, para participar de sus frutos.
>
> (1 Corintios 9:20-23)

El evangelio que Pablo presentó en el siglo uno con los residentes de lo que hoy es Konya, en Turquía, y más allá también, es el mismo mensaje del evangelio que contamos a los niños en el siglo veintiuno. Y así como sucedía en la época de Pablo, las palabras que utilizamos merecen nuestra atención.

Fluidez para hablar con los niños

Para empezar, tomaremos palabras clave del esquema de cuatro partes en que analizamos el mensaje del evangelio. Luego hallaremos palabras adecuadas para los niños que preserven el mensaje bíblico. Para hacerlo más fácil, a continuación incluimos en una lista los términos y sus equivalentes para niños, preservando el firme pero sencillo mensaje contenido en términos que utilizamos los adultos con frecuencia. Sin embargo, la columna de la derecha no tiene el mismo orden de palabras que la de la izquierda, por lo que habrás de tomarte un momento para unir las palabras y frases con igual significado. Te damos a continuación del cuadro la respuesta a cada equivalencia.

Términos comunes	Términos que los niños entienden
1. Pecado	A. Alguien que acepta estar en problemas por nosotros
2. Castigo	B. Asesinado en una cruz porque nosotros estábamos en problemas
3. Crucificado	C. Seguir lo que dice Jesús y pedirle ayuda para hacer lo correcto
4. Salvador	D. Pedirle a Jesús que te perdone y sea siempre tu amigo
5. Resucitado	E. Algo que no es lindo, las cosas malas que hacemos
6. Invitar a Jesús a entrar en tu corazón	F. Meterse en problemas, no poder salir, que te reten
7. Permitir que Jesús sea el Señor de tu vida	G. No se quedó muerto

(1-E, 2-F, 3-B, 4-A, 5-G, 6-D, 7-C)

Observa que las frases que los niños pueden entender tienen el mismo significado que los términos comunes. Solo se han elegido palabras, basándonos en el sentido común, que se centran en los pequeños que las escuchan. Tienes que admitir que si le dices a un niño que la sangre del cordero lavará sus pecados, sonarás un tanto desagradable. Pero si le dices que Jesús se ofrece para meterse en problemas por todas las cosas malas que hacemos, tienes buena oportunidad para captar su atención. Aunque modifiques el formato, el significado sigue siendo el mismo y como resultado, quizá se transforme una vida.

El sentido común indica que a edades diferentes, harán falta palabras distintas. La clave para lograr el éxito es que estés dispuesto a tirar por la ventana toda terminología religiosa y modifiques tu forma de hablar. Piensa entonces durante un buen rato. Ora y pídele a Dios que te ayude a encontrar nuevas palabras. Necesitas pocas para contar la historia, su historia, de modo que la pueda entender un niño. ¿De qué edades son los niños con los que estás? ¿Qué consideraciones culturales influirán al elegir las palabras?

Crea una lista de palabras y frases que puedan entender los niños con los que estás. Uno de los equipos de comunicadores de nuestro ministerio para niños hizo esta lista. Quizá te ayude a pensar:

Pecado	Las cosas malas que hacemos, lo que está mal, los errores, lo que sabemos que no hay que hacer, cuando desobedecemos, elegimos mal, las cosas que ponen triste a Dios
Castigo	Cuando te retan y no te dejan salir, cuando te dan una palmada en el trasero, cuando tienes que quedarte en tu cuarto, las consecuencias, penitencia, que te disciplinen, estar en problemas
Crucificado	Murió en una cruz porque esa persona se había metido en problemas, murió, lo lastimaron mucho y luego murió
Salvador	Amigo para siempre, rescatador, ayudador, que soportó cosas malas por nosotros, que soportó un castigo en lugar de que lo sufrámos nosotros, que tomó nuestro lugar y sufrió y lo lastimaron aunque no había hecho nada malo
Resurrección	Volver a vivir, volver de la muerte, no se quedó muerto, volvió a estar vivo
Invitar a Jesús a entrar en tu corazón	Seguir a Jesús, ser cristiano, ser el mejor amigo de Jesús, iniciar una relación con Jesús, decirle a Jesús que te arrepientes y pedirle que sea siempre tu amigo
Señor o líder de mi vida	Dejar que Jesús me muestre la mejor manera de vivir, que me ayude a decidir bien, que me ayude a hacer lo bueno, una guía, seguir a Jesús, hacer lo que él dice, alguien que siempre me escucha, me cuida y me ayuda
Pedir perdón	Decir «Lo siento y no lo haré más», disculparte
Perdonado	Que ya no estás en problemas
Confesar	Decir qué cosas malas hiciste, admitir
Vida eterna	Vivir para siempre en el cielo con Jesús

Ahora imagina cómo sonará el mensaje del evangelio si lo relatas con palabras adecuadas al entendimiento de un niño. La siguiente explicación (usada en principio por un adulto de nuestra iglesia cuando una niña preguntó: «¿Cómo vamos al cielo?»), estimulará tu imaginación.

¿Recuerdas que Dios puede hacer lo que sea y ver todo, en todo momento? Bueno, eso significa que puede ver todo lo que hacemos, y también las cosas feas o malas que hagamos. También sabe si decimos cosas que no son lindas, y hasta cuando pensamos cosas malas. Todo eso pone muy triste a Dios porque él no piensa que esté bien que hagamos cosas feas o malas. ¿Puedes imaginarte todas las cosas malas o feas que hago yo, o que haces tú? No importa si nos atrapan o no, tendríamos que estar en graves problemas solo por hacerlas. Y en problemas tan graves que cuando nos toque morir, no podríamos ir al cielo. No podríamos entrar. Eso sería triste, ¿verdad?

Pero Jesús nos ayuda. Él nunca hizo nada malo, pero igual se puso en nuestro lugar y se metió en problemas con Dios por todo lo malo que hicimos nosotros y toda la gente. Es como si aceptara soportar las palmadas en el trasero y las penitencias, por lo que hicieron otros. ¿Te imaginas lo que sería tener que soportar todo eso? ¿Sabes cómo tuvo que soportarlo? Tuvo que morir, colgado en una cruz. Pero no se quedó muerto, y por eso, como vivió otra vez, puede estar con nosotros ahora. Y la buena noticia es que lo que él hizo por nosotros cuenta por todas las cosas malas que hagamos tú, yo y todos. Lo único que tenemos que hacer es pedirle que nos perdone y sea siempre nuestro amigo y que nos ayude a saber cómo portarnos bien. ¿Quieres saber cómo hacer eso?

Susan Shadid, que supervisa el programa de capacitación en Promiseland y aporta su valiosa experiencia al contenido curricular, sugiere que añadamos una referencia a la familia de Dios al explicar el plan de salvación: «Los niños poseen un anhelo universal por pertenecer, así que la oportunidad real de formar parte de una familia apela al interés de muchos de ellos», explica.

Luego de tomar en cuenta las nuevas palabras que puedan hacer que los niños entiendan mejor el mensaje del evangelio, dedica tu atención a otros aspectos del

Piensa en cambios específicos en el lenguaje que usas comúnmente, para explicar la oración, el bautismo, la comunión, la asistencia a la iglesia, el voluntariado y otros aspectos comunes de la vida de eclesial.

cristianismo y a historias bíblicas que pudieran confundir a los niños. Esa lista podría ser bastante larga. Para poner en práctica esta idea, piensa en cambios específicos en el lenguaje que usan comúnmente, para explicar la oración, el bautismo, la comunión, la asistencia a la iglesia, el voluntariado y otros aspectos comunes de la vida eclesial.

Este no es un ejercicio para cambiar la forma de expresar la doctrina establecida, sino para que les expliques estas cosas a los niños de modo que puedan entenderlas mejor. Luego, haz lo mismo con una o dos historias bíblicas.

SIGUE SIENDO SU HISTORIA Y SIGUEN SIENDO SUS TIEMPOS

Como familia, solemos pasar unos momentos leyendo la Biblia cada mañana. Mientras escribía este capítulo, estábamos leyendo Mateo y mi hija me preguntó por el capitán romano de Mateo 8, cuyo sirviente es sanado a distancia por Jesús. —No entiendo esa historia —dijo Erin, de siete años. Así que se la expliqué diciendo:

—El soldado romano cree que Jesús tiene poder para sanar, que hace que los enfermos se sientan mejor. Y que es tan poderoso que puede sanar a cualquiera con solo decir «Sé sano». El soldado romano es un tipo importante que les da órdenes a otros y tienen que obedecer. Así que le dice a Jesús que cree que Jesús también puede dar una orden, cualquier orden, y se cumplirá. Una orden como sanar a alguien enfermo. A Jesús le impresionó bastante que ese romano tan importante creyera en su poder para hacer cosas, porque eso significaba que tenía fe en Jesús. Entonces, cuando hablamos de tener fe en Jesús lo que queremos decir es que creemos en el poder de Jesús, que él puede hacer lo que sea. Cristo dijo que como ese romano tenía muchísima fe, sanaría a su sirviente. Y ¿sabes qué? Más tarde, Jesús dice que si nosotros también creemos en él como creyó ese romano, entonces responderá nuestras oraciones.

Y la historia se pone mejor todavía. Erin pareció entender bastante bien el concepto de la fe gracias a esa historia de Mateo 8:5-13. Llegué a esa conclusión gracias a cómo lo resumió. Dijo: «Así que si la fe es creer en el poder de Jesús quizá sea mejor que le ore más cuando tengo miedo de las tormentas». Imagina lo grandes que abrió los ojos, y cómo latía mi corazón cuando al día siguiente leímos el versículo 23 ¡en que Jesús calmó la tormenta!

No podría haber planificado mejor esa secuencia de historias, y no soy tan necio como para creer que debiera intentarlo. La misma verdad se aplica a cómo modificamos nuestra forma de hablar para contarles el evangelio a los niños. No pensemos en cambiar las palabras para que se ajusten a nuestras expectativas de cómo tiene que ser el evangelio o de lo que «debería» decir la Biblia. En cambio, busquemos palabras que hagan que la historia de Dios y su plan sean más fáciles de entender para los niños. Porque la única forma de que un plan sea atractivo es si se lo puede entender.

Aunque nosotros transmitimos el mensaje, la verdadera comprensión y convicción viene solo como resultado de la obra del Espíritu Santo.

El plan, claro, no es nuestro sino de Dios. Aunque nosotros transmitimos el mensaje, la verdadera comprensión y convicción viene solo como resultado de la obra del Espíritu Santo. Así que por mucho que nos esforcemos por contar el evangelio con palabras fáciles, habrá diferentes niños que necesitarán diversos períodos de tiempo para entenderlo del todo. Otórgales todo el tiempo que necesiten.

Al comienzo de este capítulo conté lo complicado que se sintió mi hijo Scott al enterarse de que había un plan increíble en que le haríamos caso cada vez que visitáramos el parque de diversiones en el verano. Parte de lo que no te conté es que debió esperar al año siguiente para aprovechar el plan al máximo y pedir esa montaña de helado. De manera parecida, quizá le tome un tiempo a determinado niño decidir que está listo para hacer algo con respecto al plan más grande del mundo. Y tú desearás estar listo para ese momento. ¡Porque cuando llegue ese día, no querrás que la oportunidad se derrita y se te escurra entre los dedos!

Ejercicios

1. En el cuadro que figura debajo, completa los casilleros en blanco con palabras adecuadas a la edad de los niños en el entorno de tu ministerio:

Pecado	
Castigo	
Crucificado	
Salvador	
Resurrección	
Invitar a Jesús a entrar en tu corazón	
Señor o líder de mi vida	
Pedir perdón	
Ser perdonado	
Confesar	
Vida eterna	

2. Escribe las cuatro parte del plan de salvación de un lado de una tarjeta (deja el otro lado en blanco para utilizarlo en el capítulo 4. Hay quien se siente más cómodo usando una PDA en lugar de lápiz y papel). Luego, al lado de cada uno de los puntos escribe una explicación sencilla, de una sola oración. Siempre lleva contigo este recordatorio para refrescar tu memoria antes de cualquier situación en la que pudieras necesitar contar la historia de Dios (a niños o adultos).

3. Practica cómo explicar el plan de salvación a al menos dos adultos. Pídeles su opinión en cuanto a tu lenguaje y claridad con respecto a una audiencia infantil.

CAPÍTULO 5

La oración y más

La sensación de ansiedad era como la presión del agua contra la compuerta de un dique. Todos queríamos ir a los carritos chocadores en el parque de diversiones de nuestra ciudad, pero la fila era tan larga que decidimos seguir caminando. «Volveremos más tarde para no perder tanto tiempo esperando», le dije a mi hijo. Pasamos horas en otras actividades menos divertidas, sabiendo que al final la fila sería más corta y que habríamos aprovechado la decisión de demorar la gratificación. Para sorpresa nuestra, descubrimos que hay una ventaja única en los parques de diversiones pequeños: todas las atracciones están hechas en escala, por lo que el factor miedo es menor y también lo es la altura de quienes pueden subir a los juegos. En todos, menos en uno.

Los carritos chocadores te ofrecen un tipo de diversión muy especial. Lo que comienza como un grupo de personas que suben a los carritos pintados con colores brillantes, pronto se convierte en veinticuatro proyectiles que chocan a propósito entre sí. Es una experiencia en la que o chocas o te chocan, y parece que cuanto más fuerte sea el impacto, mejor. El mundo aquí es diferente, debido a una cantidad de razones.

Siete maravillas del mundo de los carritos chocadores

1. Por alguna razón, los papás cambian al sentarse en un carrito chocador, y se convierten en las personas más agresivas, solo por diversión. Eso no sucede cuando conducen sus propios automóviles.

2. Es increíble, pero el chicle no causa cortes de corriente eléctrica en la grilla que alimenta a todos los autitos.

3. Durante tres minutos, y solo para divertirse, los adultos a propósito aceleran en un tramo de más o menos seis metros y luego se impulsan con todo el peso del vehículo contra otros conducidos por niños de diez años.

4. Una cosa interesante es que si giras el volante lo suficiente, puedes ir en reversa. Eso no funciona así en los autos de verdad y le toma más de tres minutos a muchos aprender que las cosas son diferentes.

5. Siempre hay algún pasivo que inocente e ingenuamente intenta evitar el contacto con otros autitos, convirtiéndose así en el objetivo mayor de todos los papás.

6. Gente que no se conoce entre sí forma tácitas y siniestras alianzas en menos de dos segundos para aterrorizar a ese jugador pasivo hasta que termina el juego. Y nunca termina pronto, claro está.

7. El paseo terminará inmediatamente si hay que sacar a alguien del juego por haber tirado chicle mascado en la grilla de alimentación de corriente eléctrica.

Después de que viéramos que la fila se acortaba, nuestra familia llegó al juego. El sentido común nos indicaba que nuestra hija de tres años sería demasiado pequeña como para jugar, así que ella y mi esposa se sentaron a mirar. Quedamos los hombres, Scott y yo, para defender el nombre de la familia en el campo de batalla de los carritos chocadores. Estábamos exultantes al pasar por el molinete.

Aunque me sentía preparado para enfrentar y vencer en ese mundo maravilloso al que entrábamos, inesperadamente encontramos un problema. La parte superior de la cabeza de Scott no llegaba al mínimo de la altura requerida para poder subir.

¡Qué desilusión! ¡Ohhh! Desilusión porque la varilla de medición eliminara a Scott, y ¡Ohhh!, porque dije: «Oh, vamos, no le falta tanto». El muchacho de la entrada, un estudiante de secundaria, negó con la cabeza. Y tuve que bajar la mirada.

Luego Scott dijo:

—¿Y tú, papá? ¿No tienes la altura requerida?

—Claro que sí, amiguito —dije—. Pero no voy a dejarte afuera.

(Admito que la opción cruzó por mi mente en una milésima de segundo.)

—No, papá —dijo—. Quiero decir que eres grande y por eso puedes obligar a ese chico a que me deje entrar.

No te preocupes. No lo intenté. El muchacho estaba cumpliendo con su trabajo. Pero esa experiencia me hizo ver una vez más que hay cosas que el adulto simplemente no puede hacer por el niño. Era obvio que no podía hacer que mi hijo llegara a la altura requerida para el juego. Eso tendría que hacerlo solo.

De manera similar, los adultos no podemos iniciar la relación de un niño con Jesús. Claro que quizá nos gustaría hacerlo, porque todos los padres y madres queremos lo mejor para nuestros hijos así como los maestros y los líderes que pasan horas orando por los niños. Pero a pesar de la influencia de los adultos que tienen intenciones de honrar a Dios, cada niño y cada niña deben decidir por su cuenta que quieren cruzar la línea de la fe.

Pero a pesar de la influencia de los adultos que tienen intenciones de honrar a Dios, cada niño y cada niña deben decidir por su cuenta que quieren cruzar la línea de la fe.

Y ese es el centro de enfoque de este capítulo: ayudar a los niños a dar ese paso crucial de aceptar a Cristo como Señor y Salvador. Con algo de preparación de nuestra parte podemos asegurarnos de que el último paso no tenga tropiezos.

Ayudar a los niños a dar ese último paso

¿Para qué momento nos estamos preparando? Para aquel en que un niño pregunta qué tiene que hacer para convertirse en cristiano. Claro que no todas las preguntas sonarán idénticas, y que las circunstancias prometen ser impredecibles. Pero el resultado puede ser increíble, como lo afirma nuestra amiga Carla en la historia que cuenta respecto de su hija de cinco años.

Alyssandra y yo estuvimos viendo videos sobre el libro de Mateo, y como resultado tuvo muchísimas preguntas. Quería saber por qué la gente no quería a Jesús. Cuando le expliqué por qué y qué era lo que representaba Jesús, me preguntó si yo creía en él. Le dije que sí. Luego me preguntó si yo iría al cielo. Le dije que sí, que yo había orado para aceptar a Cristo. Luego le expliqué los pasos de la oración.

Me dijo: «Yo amo a Jesús. Quiero que viva en mi corazón ¿Me ayudas a decir esa oración?» Me sentí tan emocionada. ¡Tenía los ojos llenos de lágrimas!

Oramos juntas, cerca de las ocho de la noche mientras yo conducía por la ruta ese 14 de diciembre. Todavía recuerdo cómo iluminaba la luna su carita, y ella allí sentada en el asiento trasero del auto.

Pasajes de la Biblia para guiarnos en nuestro viaje

En Hechos 2:37 un gran grupo de personas oyó la historia de Jesús y alguien les preguntó a los discípulos: «Hermanos, ¿qué debemos hacer?» Catorce capítulos más adelante, en Hechos 16:30, el carcelero romano le preguntó a Pablo y a Silas casi lo mismo: «Señores, ¿qué tengo que hacer para ser salvo?» Las respuestas en ambas situaciones echan el cimiento de lo que podemos hacer para ayudar a los niños que preguntan lo mismo.

En Hechos 2:38, Pablo les dice que se arrepientan. En Hechos 16:31, Pablo y Silas le responden al carcelero: «Cree en el Señor Jesús». Estos dos ejemplos nos dan una guía clara de que hace falta la internalización del mensaje de salvación. *Arrepentirme* significa que reconozco particularmente que hice mal, y *creer* inicia la convicción individual de que algo es verdadero o confiable. Y la Biblia tiene más que decir con respecto a ser salvo.

Romanos 10:9 brinda excelente capacitación en cuanto a lo que tiene que hacer la persona para ser salva: «Si confiesas con tu boca que Jesús es el Señor, y crees en tu corazón que Dios lo levantó de entre los muertos, serás salvo». También Mateo 10:32: «A cualquiera que me reconozca delante de los demás, yo también lo reconoceré delante de mi Padre que está en el cielo». La misma palabra en griego aparece para «confesar» y «reconocer», porque la raíz de este término significa «declarar». Estos dos versículos nos señalan el rol que tienen las palabras al entregar nuestra vida a Cristo.

Combina estos cuatro pasajes (Hechos 2:37-38; 16:30-31; Romanos 10:9 y Mateo 10:32), y verás que es evidente que se necesita orar, declarar algo. Hay seguidores de Cristo que podrán debatir que no hace falta decir la oración en voz alta para que otros la oigan, pero ese no es el punto. Lo que importa en cuanto a lo que estamos diciendo es que tenemos la oportunidad de ayudar a un niño a cruzar la línea de la fe y podemos ayudarle a declarar la oración. Vamos a suponer que el niño pronuncia las palabras, para hacerlo más simple.

Palabras para el ABC de la oración de salvación

¿Qué palabras, entonces? Volvamos al libro de los Hechos para descubrirlo. *Arrepentimiento de los pecados* surge como un concepto importante, que implica admitir mis pecados y pedir perdón. *Creer en el Señor Jesús* significa entender que él murió por mis pecados y resucitó y que ha de convertirse en el Señor, o líder, de mi vida. Todavía no encontramos palabras adecuadas al entendimiento de los niños, pero sigamos buscando y trabajando. Si la oración de salvación es una herramienta básica que puede usar cualquiera que esté trabajando con niños, tendría que ser fácil de recordar, como el ABC.

El origen de la utilización del ABC para la oración de salvación en el ministerio de niños es poco conocido pero evidentemente, su sencillez destaca. Recuerda esas tres letras y podrás ayudar a quien sea, niño o adulto, a orar para convertirse en cristiano.

A. Admite tus pecados y pide perdón

B. Busca a Jesús

C. Cree que Cristo murió por ti y decide seguirle durante el resto de tu vida

En segundo grado Sarah decidió que ya había oído bastante sobre Dios, por lo que quería tomar una decisión. Ella recuerda vívidamente la mañana en que se convirtió, allí en su ministerio para niños.

> Ya sabía bastante sobre Dios y sabía también que [seguir a Cristo] era una decisión importante. Así que decidí esperar a ser mayor para dar ese paso.
>
> Luego, en el segundo grado sentí que realmente lo entendía y que quería tener una relación con Jesús. La oración del ABC tenía sentido, así que la oré después de oír a una maestra que contó cómo se había convertido en cristiana. Su historia me impactó.
>
> Es importante que los niños vean en los ojos de su líder una mirada especial cuando hablan de Cristo. Después de la oración, sentí que yo también tenía esa mirada. Todo ese día me pareció importante.

Sí, algo importante había pasado con Sarah ese día, catalizado por algo tan sencillo como el ABC. Es claro que estaba lista para dar el paso de orar por su salvación, pero no siempre sucede así. Como hay tanto de lo eterno involucrado en esta oración, es importante seguir tres pasos simples que se refieren a las preguntas más comunes en cuanto a si un niño está listo o no para iniciar una relación con Cristo.

Pasos simples para saber si está listo

Ante todo, asegúrate de que el niño tenga un deseo sincero y particular de orar. Si están en grupo, la presión de los pares desafortunadamente puede producir una motivación mal dirigida. El adulto (tú) también puedes influir en el niño para que ore, como medio para agradar a sus padres o al líder. Si eres sensible a esas dos situaciones, podrás discernir si el Espíritu Santo está obrando, a la medida del niño, claro. Decir nada más una oración no es lo que buscamos. Tiene que ser sincera. Y en la mayoría de los casos una sencilla pregunta en un tono de voz suave revelará la motivación del niño para invitar a Jesús a entrar en su vida: «¿Puedes decirme por qué quieres hacerlo?»

Luego de preguntarle, permanece en silencio hasta que el niño ofrezca una respuesta. Si es negativa, revisa el plan de salvación (ver capítulo 4) y plantea preguntas a medida que avanzas para abrir un diálogo en el que el niño se sienta seguro si necesita admitir que está confundido. Por ejemplo: «En esta semana, ¿has hecho algo que sabías que estaba mal, aunque nadie te viera?»

Si tiene alguna razón para pedirle a Jesús que entre a su vida y ves que tiene sentido de acuerdo a su edad, entonces invita al niño o niña a decir la oración del ABC.

En segundo lugar, no des por sentado el deseo de un niño o niña de orar por la salvación en más de una ocasión. Chris, que hoy es adolescente, recuerda su peregrinaje de fe y aprecia la flexibilidad y la comprensión que le mostraron sus líderes:

> Dije la oración del ABC por primera vez en tercer grado. Pero, al año siguiente, mi líder explicó más conceptos sobre lo que significa ser cristiano; por lo que decidí orar otra vez. Luego, el siguiente líder que tuvimos nos mostró

cómo poner en práctica más aspectos de lo que es seguir a Jesús. Hizo que todo fuera tan fácil de entender que quise volver a decir la oración del ABC.

Lo que entendí de ese compromiso aumentaba cada año y por eso seguí orando. La vida se hace cada vez más intensa año a año, en especial cuando estás en el sexto grado. Y solo por eso quise asegurarme.

Afortunadamente nadie le dio a Chris la idea de que lo que hacía estaba mal o era innecesario. Si un niño entiende mejor la salvación este mes o este año y quiere volver a orar, o posiblemente solo quiere estar más seguro del tema, lo que necesitas hacer es animarlo, nada más. No encuentro en la Biblia ningún pasaje que diga que es malo decir la oración de salvación más de una vez. Aunque para la eternidad con una sola basta, literalmente, orar con mayor frecuencia puede darle al niño más consuelo y certeza. En especial cuando la vida se va haciendo más intensa.

No des por sentado el deseo de un niño o niña de orar por la salvación en más de una ocasión.

En tercer lugar toma en cuenta la edad, pero no la uses como motivo para descartar el deseo del niño por iniciar una relación con Jesús. La sicóloga Karen Maudlin afirma: «Dios honra las oraciones de los corazones tiernos, una y otra vez... Podemos decir que la mayoría de los niños de menos de diez años no pueden entender con facilidad el concepto de un compromiso "de por vida". Eso no significa que su fe sea menos real».[19]

La edad, sin embargo, tendrá un importante papel en la articulación de la oración.

La situación ideal es aquella en que el adulto explica los tres componentes de la oración y luego el niño le dice a Dios que admite, cree y decide.

En lo posible, las palabras que ore el niño tienen que ser suyas, así que solo debes ofrecer una guía a través de las tres porciones de la oración, con mucha gentileza y suavidad. El sentido común nos indica aun así que cuanto más pequeño sea el niño más expectativas tendrás de que sea una oración tipo «repite conmigo», en lugar de esperar que el niño ore solo según le invites a hacerlo.

Tengo que explicar esto de «invitar al niño a orar». La situación ideal es aquella en que el adulto explica los tres componentes de la oración y luego el niño le dice a Dios que admite, cree y decide.

Pero recordar las tres cosas, para alguien que las oye por primera vez, puede ser un tanto complicado. Dicho esto, explica el punto A y luego dale al niño tiempo para responder antes de seguir. A continuación tienes un ejemplo de cómo guiar al niño con el ABC:

> Bueno, Lisa, lo que dices me suena a que estás lista para iniciar una relación con Jesús. Oremos juntas y te ayudaré a saber qué decir. ¿Sí?
>
> Dios, mi amiga Lisa quiere iniciar una relación con Jesús.
>
> Lisa, ahora es tu turno para decirle a Dios que has hecho cosas malas y que le pides que te perdone... (pausa).
>
> Muy bien. Ahora dile que realmente crees en Jesús y que crees que murió como castigo por las cosas malas que hiciste... (pausa).
>
> Bien. Ahora dile que has decidido seguir a Jesús durante el resto de tu vida... (pausa).
>
> ¡Amén! ¡Eso es, Lisa!

Opciones para responder

«Lisa» acaba de tomar la decisión más importante de su vida, la que merece una respuesta deliberada de tu parte. Considera una o todas las siguientes opciones:

1. De inmediato celebra a lo grande esta decisión. Explota con palabras de felicitación como: «Chocar los cinco», o cualquier otro tipo de reacción similar. Evita verte solemne, estoico. Si trabajas en el ministerio, es esto lo que buscas con tanto esfuerzo. Como padre o madre, será esta una increíble respuesta a tus oraciones. Ser testigo y participar de la salvación

de otra persona estimula una sensación que, creo, se asemeja a la euforia del cielo en esta tierra en todo lo posible. Dicho esto, dale rienda suelta a tu emoción.

2. Ayuda a marcar el momento dándole al niño algo para recordar esta fecha. Envíale una tarjeta de felicitación. A los niños les encanta recibir correo. Algunas personas regalan una Biblia con una dedicatoria. Conozco padres que registran el momento en un diario de la familia en el que anotan todos los logros familiares y extraordinarios. Mis hijos afirman su fe cada vez que ven las fechas en que cada uno decidió orar para aceptar la salvación de Jesús.

3. Anima al niño a seguir orando. La oración del ABC les mostró que pueden hablar con Dios sin formalismos, así que recuérdales que para sostener relaciones las personas conversan con regularidad.

4. Asegúrate de que el niño tenga una Biblia que pueda leer y entender. Las Escrituras son la Palabra de Dios; ella nos habla y es una de las maneras en que Dios se comunica con nosotros en nuestra relación con él. La edad tiene un papel importante en la versión de la Biblia que desees comprar, y encontrarás ayuda en las librerías cristianas para elegirla.

Sin duda hay muchísimas buenas ideas más. El factor más importante con cualquiera de ellas es pensar de antemano lo que hace falta, para estar preparados para ese momento en que el niño ora. Si no haces nada, el momento se esfumará enseguida. Así que tómate unos minutos ahora y considera qué podrías hacer para esa ocasión en la vida de tus hijos o de los niños de tu ministerio.

La Biblia guía a los creyentes a practicar el bautismo como expresión externa de la decisión interna de seguir a Cristo. Algunas iglesias bautizan a personas de cualquier edad que inician su relación con Jesús, en tanto otras piden que los niños esperen a llegar a una edad mínima para asegurarse de que entiendan del todo lo que están haciendo. En lugar de abogar por una u otra postura, sugiero que sigas el criterio de los mayores en el caso de tu iglesia. Para ello conversa con los niños sobre el bautismo cuando decidan convertirse, sea que se bauticen enseguida o deban esperar. Asegúrate de que entiendan lo que significa el bautismo y por qué los seguidores de Cristo a lo largo de los siglos han participado de este sacramento.

Luego toma en cuenta a los padres. Si el niño que oró es tu hijo, este tema está cubierto. En los ministerios para niños que presentan el mensaje de salvación como parte del programa, sin embargo, quizá los padres no estén presentes en este momento tan importante. Esto te otorga un privilegio, y también un desafío, ya que has de contarles lo que sucedió a los padres del niño.

El privilegio será si los padres sienten gozo porque su hijo o hija ahora forma parte de la familia de Dios. El desafío será si los padres todavía no han entrado a esta familia. En las iglesias que deliberadamente se extienden hacia los que no conocen a Dios, es posible que la situación sea esta última. Mira este desafío como una oportunidad.

Si detectas confusión cuando les dices a los padres que su hijo o hija han iniciado una relación con Jesús el día de hoy, entonces Dios te ha puesto en una nueva situación donde puede estar en juego la eternidad.

Si detectas confusión cuando les dices a los padres que su hijo o hija han iniciado una relación con Jesús el día de hoy, entonces Dios te ha puesto en una nueva situación donde puede estar en juego la eternidad. Como ahora tienes la oportunidad de explicarles a los padres el significado de lo que es una relación con Jesús (ver capítulo 4), quizás quieras contarles tu propia historia de fe (capítulo 3) y hasta describir cómo comienza la salvación (este capítulo).

Te sorprenderá cómo te califica la preparación para conversar con los niños para este momento de clara comunicación con los adultos sobre lo que implica una relación con Jesús.

El momento justo, en cualquier momento

Sarah Keith, voluntaria en la Primera Iglesia Presbiteriana de North Palm Beach, Florida, sabe que el momento preciso puede llegar en cualquier momento:

Durante el programa de anoche, en nuestra iglesia, les preguntamos a los niños si lo que les hemos estado enseñando desde el principio ha dado como resultado que le pidan a Jesús que sea su Salvador y amigo para siempre. Al menos cinco de los niños levantaron la mano. Una niña en particular nos dijo que había invitado a Jesús a su vida durante la oración de salvación que hicimos luego de uno de los juegos el año pasado.

Uno nunca sabe cuándo estará en juego lo eterno, así que hay que prepararse. Dios me enseñó el valor de la preparación una noche mientras trabajaba sobre el curso de capacitación original de *Lleva a los niños a los pies de Cristo*, para nuestro ministerio infantil. Yo no esperaba que llegara el momento santo cuando mi hijo, de cuatro años entonces, abrió la puerta de mi oficina unos minutos antes de la hora de ir a dormir. Pero así fue. En un momento tan rápido como el pensamiento, los conceptos que había estado escribiendo en la computadora durante tantas horas saltaron a la realidad.

Mientras Scotty esperaba que yo apagase la computadora, vio una Biblia de estudio en cinco volúmenes, muy antigua, de un siglo y medio.

—¿Dónde conseguiste esos libros? —preguntó.

—Cuando el bisabuelo Vander Meulen falleció, la abuela me dio sus Biblias —respondí mientras íbamos por las escaleras hacia su cuarto.

—¿Y por qué murió el bisabuelo V? —quiso saber.

—Bueno, había vivido muchos años y supongo que ya era anciano —dije.

Scotty siguió:

—¿Y adónde fue cuando murió?

Hice una pausa y recordé que debía pensar ¡y respirar hondo!

—El bisabuelo V. fue al cielo —respondí.

—¿Ahí donde viven Dios y Jesús, dices? —continuó preguntando Scotty, mostrando que escuchaba bien lo que le enseñaban en Promiseland (el ministerio infantil de Willow Creek).

—Sí.

—¿Dónde está el cielo? —quiso saber, y parecía muy interesado en la respuesta.

—Bueno, ¿dónde crees?

—¡En el cielo, muy alto! —dijo emocionado y orgulloso de poder aportar datos a la conversación—. Papá... ¿cómo se hace para ir al cielo?

Mi pulso se aceleró al ver lo que estaba sucediendo. Allí mismo decidí seguir adelante con coraje.

—¿Has visto que tú y yo nos llamamos «amigo, amiguito, compañero»? —pregunté. Esta pregunta se refería al exclusivo grupo conformado por nosotros dos, que nos prometíamos mutuamente ser mejores amigos para siempre—. Bueno, vamos al cielo cuando decidimos que Jesús sea nuestro mejor amigo para siempre, y eso es mucho tiempo. Parte de ser amigos de Jesús para siempre es decirle que lamentas las cosas malas que has hecho y le pides que te ayude en cambio a portarte bien. Cualquiera que sea mejor amigo de Jesús va al cielo. A propósito, ¿sabes? A él le encantaría oírte decir que quieres vivir con él en el cielo un día.

Scott hizo una pausa que a mí me pareció como de varias horas, pero probablemente no hayan sido más de dos segundos.

—¿Te parece que en el cielo hay autobombas para jugar?

—Bueno, ¿qué aprendiste de Dios en Promiseland?

—¡Que Dios puede hacer lo que sea! —gritó entusiasmado en respuesta a esa pregunta.

—¿Y no crees que si Dios puede hacer lo que sea, probablemente tenga las autobombas más grandes y geniales para jugar? —La cosa se ponía divertida ahora.

—¡Sí! Y papá, tú y Jesús son los mejores amigos, ¿verdad? Así que irás al cielo ¿sí?

—Sí, Scotty. Seguro que sí.

—Bueno, ¿crees que podremos salir a desayunar todo el tiempo cuando estemos en el cielo?

Cuando apagué la luz y me senté en su camita con él, le dije:

—Sí, seguro que podremos.

Al niño le encanta desayunar tocino, ¡como a su papá!

Con las luces apagadas había llegado el momento de sus oraciones antes de dormir. Jamás olvidaré la oración de Scotty esa noche.

—Disculpa, Dios (siempre me encantó su informal manera de iniciar la conversación con Dios). ¿Sabes? Me encantaría que Jesús fuese mi mejor amigo siempre porque quiero vivir contigo en el cielo cuando muera, así que seamos buenos amigos ¿sí? Y Dios lamento las cosas malas que hice, ¿sabes? Y también, Dios, ¿puedes hacer que haya muchas autobombas allí? Y gracias porque Jesús y yo somos muy buenos amigos. ¡Amén!

Allí, sentado junto a él, sonreí con lágrimas en los ojos. Se había iniciado un viaje espiritual muy real. Tan pronto noté que se había dormido, le besé la frente y susurré: «Te amo, amiguito. Y te amo y te doy gracias a ti, Señor».

Al salir sin hacer ruido de la habitación a oscuras, seguía sonriendo. Tenía una potente sensación de que en ese mismo momento Dios también sonreía.

He tenido momentos muy emocionantes en la vida, como cuando hice tres tiros libres a cuatro segundos del final de juego de baloncesto y ganamos; como cuando me casé con la mujer de mis sueños; como cuando enseñaba en conferencias llenas de gente que se ocupa de guiar a los niños a Jesús, y también en los carritos chocadores, muchísimas veces. Pero nada se compara con mi exultación esa noche al compartir ese momento con mi hijo. Y sentí que nada de lo que yo había dicho tenía que ver en esto: todo era por lo que mi hijito había dicho. Porque hay cosas que los niños tienen que hacer por sí mismos y el resultado es gozo puro en la tierra y celebración en el cielo.

«Les digo que así mismo se alegra Dios con sus ángeles por un pecador que se arrepiente» (Lucas 15:10).

Ejercicios

1. Al reverso de la tarjeta (o en el memo de la PDA) donde anotaste el ejercicio del capítulo 4, escribe las letras A, B y C, con una breve explicación de cada una.

2. Practica cómo invitar a alguien a pronunciar la oración del ABC. Hazlo por lo menos dos veces.

CAPÍTULO 6

¿Qué pasa si no tengo una historia?

Para aprovechar al máximo lo que pagaste por la entrada al parque de diversiones, llega antes de que abran las puertas. Los visitantes veteranos saben que las dos primeras horas más o menos ofrecen la mayor diversión, por una razón muy sencilla: hay menos gente. Y eso significa menos tiempo esperando en las filas y más tiempo disfrutando de los juegos.

Una mañana de verano nuestra familia y otras personas más esperábamos a que abriera uno de nuestros parques favoritos. Compramos los boletos y nos ubicamos cerca de los molinetes, anticipando el momento en que pudiéramos entrar corriendo para disfrutar de los juegos que más nos gustaban. Mientras mirábamos el reloj el personal de parque se acercaba y nos recordaban cosas que me parecieron un tanto tontas:

—Por favor, asegúrense de tener en la mano su boleto.

—Todos tienen que tener boleto.

—Nadie puede entrar sin boleto.

Me pregunté por qué pensaban que tenían que recordarnos algo tan básico. Claro que todos tenían que tener su boleto. (Solamente para asegurarme metí la mano en el bolsillo para ver que tuviera cuatro boletos.) Se abrieron las puertas y nuestra fila empezó a pasar, una persona por vez, hacia el interior del parque. Lo que pasó entonces me asombró. Un joven delante de nosotros no tenía boleto. Le entregó al asistente un cupón por una entrada gratis.

«Lo lamento, señor», dijo el guardia de la puerta. «Primero tiene que tener un boleto para poder entrar. Y segundo, el cupón sirve para entrada libre solo si compra otro boleto, porque es para una promoción en que paga uno y entran dos».

Conté nuestros boletos por sexta vez en menos de cinco minutos, para asegurarme de no pasar vergüenza como le había sucedido a ese joven. El joven entonces vio que los anuncios no habían sido cosa de tontos después de todo. Si uno quiere entrar sin boleto no podrá pasar. Uno puede ofrecer un cupón. Puede mostrar una tarjeta de crédito. O mostrar un fajo de billetes de cien dólares. Pero solamente con un boleto comprado podrá entrar al parque.

Imagínate en una historia similar

Conduces tu auto hasta el parque de diversiones, sales del auto y vas a la puerta de entrada. En la fila oyes decir que necesitas un boleto. Vas a la ventanilla de la boletería y pides uno. El hombre te dice cuánto cuesta y te asombras. La historia es real, por ahora.

Pero imagina ahora que el precio del boleto sobrepasa el dinero que podrías reunir aunque ahorraras toda tu vida. Allí estás, sin saber qué hacer, confundido. Y la única opción que te queda es salir de la fila. ¿O no?

Mientras estás en la fila sintiéndote tan mal, tan confundido, alguien te llama. Ya has oído esa voz antes, pero esta vez respondes. ¡Esa persona quiere pagar tu boleto! Lo único que tienes que hacer es aceptar su generosidad. Es más, pareciera estar ofreciéndoles lo mismo a todos. Así que finalmente entras al parque y te preguntas por qué querría alguien desechar tan buena oportunidad.

Dentro del parque miras atrás a los que siguen todavía delante de la puerta. Les dices a algunos que tendrían que aprovechar la oferta del boleto gratis. «Es la única forma de entrar, y es gratis», les explicas. «¡Yo entré!» Los que te oyen creen en lo que dices porque les hablas por propia experiencia. Consiguen sus boletos y también entran al parque.

También notas que algunos se quedan afuera, sin boletos y hablando con otros sobre la necesidad de tener uno, y de la generosa oferta del hombre. Esta gente no puede convencer a nadie porque les falta credibilidad. ¿Quién seguiría los consejos de alguien que no aprovechó esa notable propuesta?

¿Qué pasa si no tengo una historia?   101

Esta es una analogía obvia de lo que es aceptar el regalo de gracia de Jesús, ¿verdad? Sí que lo es. El «precio de admisión» de una relación con Dios excede cualquier cosa que pudiéramos pagar tú o yo, así que Jesús lo pagó muriendo en la cruz. ¿En qué se relaciona entonces esta historia del boleto con ayudar a los niños a ser cristianos?

En mucho. Porque el adulto puede hablar con los niños sobre Jesús con autenticidad solo si él o ella tienen una relación con Cristo. Así que este calificador nos presenta un tema a tener muy en cuenta.

La investigación de George Barna concluye diciendo: «Los adultos que dicen ser cristianos pero jamás han profesado su fe en Jesucristo, representan casi la mitad de la cantidad total de personas que van a las iglesias cristianas en los EE.UU.»[20] Así que una gran cantidad de quienes participan en la iglesia en verdad jamás cruzaron la línea de la fe: están todavía junto a la puerta de entrada, pero nunca aceptan la oferta del boleto para entrar.

Muchos de ellos optan por presentarse como voluntarios. Y algunos terminan en el ministerio para niños, donde se habla sobre la fe en Jesús. Es posible que algunos hasta lean este libro, y es por eso que incluyo este capítulo. Esta mitad de los adultos de la iglesia quizá te incluya. Si es así, relájate porque no

has hecho nada malo. Solo tienes una distancia mayor por recorrer en tu peregrinaje espiritual antes de reconocer que personalmente necesitas aceptar la invitación de Cristo a tener una relación con él.

Esta relación podría estar tan cerca como el cierre de este capítulo. Así que hagamos de esto algo personal.

Tu boleto

En Hechos 2:39, Pedro describe la oferta de salvación de este modo: «En efecto, la promesa es para ustedes, para sus hijos y para todos los extranjeros, es decir, para todos aquellos a quienes el Señor nuestro Dios quiera llamar».

Observa el orden: primero nosotros, luego los niños y después todos los demás.

¿Qué seguridad tienes de tener tu boleto? Muchos adultos no logran responder con sinceridad.

¿Qué seguridad tienes de tener tu boleto? Muchos adultos no logran responder con sinceridad.

Donald Cole, pastor de la Red de Emisoras Moody [Moody Broadcast Network, en inglés], afirma que la pregunta más común de los oyentes que llaman a su programa de radio diciendo que son cristianos es «si pueden ser salvos y *saber* que lo son».[21]

Sin embargo, aun cuando parezca común esa falta de certeza en cuanto a la salvación, recuerda que tu respuesta a la pregunta tiene implicaciones personales, eternas.

En su libro *Una vida con propósito*, Rick Warren destaca: «A partir de la Biblia podemos inferir que Dios nos preguntará dos cosas cruciales: Primero "¿Qué hiciste con mi Hijo Jesucristo?" Dios no te preguntará sobre tu trasfondo religioso ni tu opinión doctrinal. Lo único que importará es si aceptaste lo que Jesús hizo por ti y si aprendiste a amarle y confiar en él». Rick predice que la segunda pregunta de Dios también será poderosa como esta: "¿Qué hiciste con lo que te di?" Es decir, ¿qué hiciste con tu vida, con todos los dones, talentos, oportunidades, energía, relaciones y recursos que Dios te dio?»[22]

Muchas personas, incluso los voluntarios dedicados y los miembros del personal con mayor experiencia, podrían señalar su obra en el ministerio en respuesta a la segunda pregunta de Jesús. Sin embargo, para muchos de ellos sería difícil encontrar una respuesta clara y sólida a la primera pregunta.

Así que, para estar seguros vamos a volver a revisar nuestros boletos.

Para aprovechar este capítulo al máximo intenta no reaccionar demasiado rápido a los desafíos que te enfrentan con tu fe personal. Vamos a encontrar estos desafíos en el contexto de una conocida historia del Antiguo Testamento. Mientras vayamos recorriendo esa historia, veremos qué es una relación con Dios y también, y muy importante, lo que no es.

La historia de Samuel

En 1 Samuel los padres de un niño llamado Samuel lo entregan para ser criado por las autoridades del templo, de modo que pudiera servir a Dios durante toda su vida (1 Samuel 1:21-28). El muchacho vivía y trabajaba con un sacerdote llamado Elí.

El tercer capítulo de 1 Samuel describe una típica noche en el templo, pero que resultó ser muy profunda. Dios quería darle una información importante a Samuel, pero el muchacho no reconoció la voz del Señor.

> Samuel, que todavía era joven, servía al Señor bajo el cuidado de Elí. En esos tiempos no era común oír palabra del Señor, ni eran frecuentes las visiones. Elí ya se estaba quedando ciego. Un día, mientras él descansaba en su habitación, Samuel dormía en el santuario, donde se encontraba el arca de Dios. La lámpara de Dios todavía estaba encendida. El Señor llamó a Samuel, y éste respondió:
>
> —Aquí estoy. Y en seguida fue corriendo adonde estaba Elí, y le dijo:
>
> —Aquí estoy; ¿para qué me llamó usted?
>
> —Yo no te he llamado —respondió Elí—. Vuelve a acostarte.
>
> Y Samuel volvió a su cama. Pero una vez más el Señor lo llamó:

—¡Samuel!

Él se levantó, fue adonde estaba Elí y le dijo:

—Aquí estoy; ¿para qué me llamó usted?

—Hijo mío —respondió Elí—, yo no te he llamado. Vuelve a acostarte. Samuel todavía no conocía al Señor, ni su palabra se le había revelado. Por tercera vez llamó el Señor a Samuel. Él se levantó y fue adonde estaba Elí.

—Aquí estoy —le dijo—; ¿para qué me llamó usted?

Entonces Elí se dio cuenta de que el Señor estaba llamando al muchacho.

—Ve y acuéstate —le dijo Elí—. Si alguien vuelve a llamarte, dile: «Habla, Señor, que tu siervo escucha.»

Así que Samuel se fue y se acostó en su cama. Entonces el Señor se le acercó y lo llamó de nuevo:

—¡Samuel! ¡Samuel!

—Habla, que tu siervo escucha —respondió Samuel. —Mira —le dijo el Señor—, estoy por hacer en Israel algo que a todo el que lo oiga le quedará retumbando en los oídos.

1 Samuel 3:1-11

Observa que en medio de la narrativa de los reiterados llamados de Dios hay una frase clave: «Samuel todavía no conocía al Señor» (v. 7). Es decir, que Samuel tenía que iniciar aún una relación significativa con Dios.

La expresión «iniciar una relación significativa con Dios» merece que la aclaremos para que esta historia tenga sentido. Muchas personas no tienen esto claro y ni siquiera se dan cuenta. Lo sé porque me sucedió.

A los veintinueve años aprendí cuál era la gran diferencia entre conocer información sobre Dios y saber que tengo una relación con Cristo. Yo creía que el pecado era malo, pero lo que me faltaba era creer que *mis propios pecados* eran malos. Creía que Cristo había muerto en la cruz, pero me faltaba creer que había muerto *por mí*. Creía que ofrece perdón para los pecados de todos, pero me faltaba creer que *yo necesitaba* ese perdón. Todo mi conocimiento acerca de Dios se convirtió en creencia personal, en una convicción tan fuerte que me llevó a aceptar el regalo de gracia de Jesús y luego comprometer el resto de mi vida a una relación activa con él.

Aun cuando Samuel dedicaba su vida al ministerio (en el versículo 1 dice: «Samuel, que todavía era joven, servía al Señor»), todavía no conocía al Señor. Aunque para algunos esto puede parecer increíble o imposible, todavía hoy sucede entre los que trabajan en el ministerio como parte del personal o como voluntarios.

La primera vez que enseñé en el taller de *Lleva a los niños a los pies de Cristo*, en la conferencia de Promiseland, Willow Creek, una mujer se me acercó cuando yo dejaba ya la tarima. Me dijo que una de sus colegas del ministerio había salido de la sala, llorando. Según esta mujer, su amiga se había dado cuenta de que jamás había iniciado de veras una relación con Jesús. Eso la perturbó porque hacía años ya que servía en el ministerio.

A los veintinueve años aprendí cuál era la gran diferencia entre conocer información sobre Dios y saber que tengo una relación con Cristo.

—¿Qué puedo hacer? —me preguntó la señora.

—Guíe a su amiga para que haga la oración del ABC (según la explicamos en el capítulo 4) —respondí—. ¡Y luego celebren!

Eso hicieron. Me gratificó ver esa misma situación muchas veces a lo largo de los años, al enseñar en este taller en diversas partes del mundo.

Volvamos a Samuel. Vivía rodeado por el pueblo de Dios, cerca de la palabra de Dios. El versículo 3 dice: «Samuel dormía en el santuario, donde se encontraba el arca de Dios». El versículo 9 dice que «se acostó en su cama».

Samuel pasaba tanto tiempo en el templo que casi se había vuelto un mueble más allí. Y a pesar de que vivía la mayor parte de su vida rodeado por y participando de actividades religiosas, por lo cual muchos le verían como dedicado siervo de Dios, Samuel todavía no conocía al Señor. Eso sigue pasando hoy con gente que hace años ha estado yendo a la iglesia, participando activamente de las actividades.

Durante cinco años fui voluntario en el ministerio de evangelización de nuestra iglesia. Entre otras responsabilidades nuestro equipo leía los testimonios escritos de todos los adultos que se anotaban para el bautismo. ¡Qué privilegio! Muchas veces leíamos historias de personas que habían asistido a la iglesia durante años, o que habían servido como voluntarios en algunos ministerios. Inevitablemente cada una de las historias describía un momento transformador de vida que había dado conciencia y claridad a esa persona en cuanto a su necesidad de un Salvador. El peregrinaje de fe de cada persona tomaba giros diferentes, pero todos terminaban en un lugar parecido: Admitiendo sus pecados, buscando a Jesús, creyendo que había muerto por sus pecados y decidiendo seguirle (¡no es coincidencia que se trate de los mismos puntos de la oración del ABC!).

Estas historias confirmaban que a veces la actividad en la iglesia precedía a la relación personal con Jesús. Y eso está bien, siempre y cuando al fin se inicie la relación.

Dios nos da un empujoncito

A pesar de que Dios puede comunicarse con las personas de incontables maneras, eligió darle un empujoncito a ese muchacho y esperar su respuesta, aun antes de que conociera al Señor. Hoy Dios sigue dando empujoncitos a las personas que todavía no le conocen. Y sigue esperando una respuesta.

¿Es posible que en el capítulo 3, cuando hablábamos de escribir y refinar tu historia de fe, vieras que no la tienes? En el capítulo 4, ¿tenía sentido para ti el plan de salvación, redactado para niños, de manera nueva, como nunca antes lo habías encontrado? Y en el capítulo 5, ¿leíste una oración que todavía te falta decir?

Si tu corazón ha susurrado un «Sí» a alguna de esas preguntas, entonces quizá Dios te esté dando un empujoncito. Y probablemente eso te señale a tomar conciencia de que te falta todavía dar un paso muy importante: «[Confesar] con tu boca que Jesús es el Señor, y cree[r] en tu corazón que Dios lo levantó de entre los muertos» (Romanos 10:9). Mientras vas formando tu respuesta, repito mi pedido de que te resistas a reaccionar o llegar a una conclusión final, por un momento más.

El propósito de este libro es ayudar a las personas a hablar con los niños sobre Jesús, con claridad. Así que con ese mismo espíritu, pongamos palabras a las verdades que ofrecen claridad sobre el cristianismo para los adultos. Aunque los creyentes vayan a los servicios del domingo, la asistencia a la iglesia u otras actividades religiosas no te convierten en cristiano. Y aunque muchos de ellos invierten su tiempo y sus talentos sirviendo a Dios, ser voluntario en la iglesia no te convierte en cristiano. Tampoco el conocimiento acabado de la Biblia te convierte en cristiano. Y ni siquiera ser una buena persona lo hace. Samuel hacía todo eso y no conocía todavía al Señor. De manera similar C.S. Lewis describió una vez un punto clave en su viaje hacia la auténtica fe: «Acabo de pasar de creer en Dios a definitivamente creer en Cristo, en el cristianismo».[23]

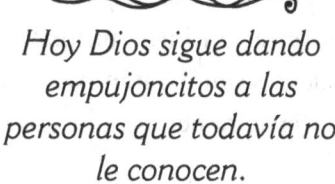

Hoy Dios sigue dando empujoncitos a las personas que todavía no le conocen.

Pregunta personal número uno: ¿Qué diría Jesús? ¿Qué hay de ti? La pregunta predecible es: ¿tienes una relación con Cristo? Pero hay una pregunta todavía más impactante: «¿Diría Jesús que tienes una relación con él?» Él da testimonio de la importancia de tu respuesta en Mateo 7:23: «Entonces les diré claramente: "Jamás los conocí. ¡Aléjense de mí, hacedores de maldad!"» Mucha gente con buenas intenciones buscará entrar al cielo basándose en su conocimiento de Cristo o quizá en su trabajo para la iglesia, pero serán alejados porque Cristo no los conoce de veras. Así que, ¿qué diría ahora mismo Jesús sobre ti? Tómate un descanso antes de seguir leyendo y deja que tu corazón dance un rato al son de esta pregunta.

Durante una reunión a la hora del desayuno hace poco, mi amigo Dave nos regaló un resumen de su peregrinaje espiritual: «Sabía muchos versículos cuando era pequeño. Pero mi vida no cambió hasta que me di cuenta de que Dios no está en las páginas de la Biblia. Está a mi lado». Y ese cambio de ubicación, de la página impresa a la presencia personal, marca un mundo de diferencia porque requiere una respuesta de nosotros.

Elí le informa a Samuel que la voz que oye es la de Dios (1 Samuel 3:9) y le dice que responda directamente al Todopoderoso diciendo: «Habla, Señor, que tu siervo escucha». Samuel decide seguir el consejo de Elí. El Señor honra esta respuesta clara y le habla a Samuel de cosas que sucederán pronto. Esa conversación inicia un diálogo entre Dios y ese nuevo y joven profeta. Ese diálogo seguirá durante toda la vida de Samuel. Para ese muchacho Dios ya no existía meramente en los rollos de las Escrituras.

Pregunta personal número 2. ¿Has respondido? Shane Claiborne, misionero en las calles de Filadelfia, y también muy buen disertante, ofrece una perspectiva diferente sobre las palabras de Jesús en la Biblia. Pregunta: «¿Y si de veras quiso decir lo que dijo?»[24] Suponiendo que Jesús hablara en serio, tu vida y la mía tendrían que mostrar evidencia del impacto de sus palabras. ¿Ha sucedido eso? Tómate un momento ahora mismo y susurra: «Habla, Señor, te estoy escuchando». Luego lee estas palabras de Jesús y permítete maravillarte ante el impacto que debieran tener en tu vida:

> «Yo soy el camino, la verdad y la vida —le contestó Jesús—. Nadie llega al Padre sino por mí». Juan 14:6

> «Busquen primero el reino de Dios y su justicia». Mateo 6:33

> «Yo he venido para que tengan vida, y la tengan en abundancia». Juan 10:10

> «Les he dicho esto para que tengan mi alegría y así su alegría sea completa». Juan 15:11

> «"Ama al Señor tu Dios con todo tu corazón, con todo tu ser y con toda tu mente" —le respondió Jesús. Éste es el primero y el más importante de los mandamientos». Mateo 22:37-38

> «Ven y sígueme». Lucas 18:22

Para guiar auténticamente a un niño a una relación con Cristo, primero tienes que tener tu propia relación con él. Porque solo podrás dar lo que tienes. Y si algo dentro de ti ha comenzado a moverse, detén la lectura ahora mismo y responde a Dios. Como has visto en el capítulo 5, es tan fácil como el ABC (Admitir, buscar, creer y decidir).

¿Todavía te cuesta?

Para algunas personas lo más difícil de ser cristiano es escapar de debajo de su orgullo propio y humildemente decirle a Cristo que quieren iniciar una relación con él. Si eres voluntario o empleado en la iglesia, puede resultarte más difícil escapar a ese orgullo, porque después de todo tienes expectativas en cuanto a que ya conoces todo sobre el cristianismo. Si es este tu caso, por favor, relájate. Porque cada persona va a distinto ritmo en su conocimiento de la necesidad que tenemos de Jesús, y esto sucede en distintos momentos de la vida. A veces, ese momento llega por sorpresa.

El legendario entrenador de baloncesto John Wooden dijo: «Cuando me bautizaron no había aceptado a Cristo realmente. Pensé que así era, pero no lo había aceptado».[25] El entrenador Wooden es solo una de las muchas personas que entienden la verdad que articula Rick Warren en *Una vida con propósito*: «El bautismo no te convierte en miembro de la familia de Dios. Solamente la fe en Cristo puede hacerlo».[26]

Esa misma verdad, a veces sorprendente, también se aplica a otras ceremonias o rituales. En la Biblia Dios dice que lo que más busca él son nuestros corazones: «Amarlo con todo el corazón, con todo el entendimiento y con todas las fuerzas, y amar al prójimo como a uno mismo, es más importante que todos los holocaustos y sacrificios» (Marcos 12:33).

Hay buenas noticias para nosotros cuando llegamos a darnos cuenta de que necesitamos responder. ¡A Dios no le sorprenderá! Porque, claro, él nos está esperando. Ha esperado que vengas a él desde que naciste. Esa espera puede ser más corta para algunos y más larga para otros, lo cual en sí mismo es un desafío.

Las estadísticas muestran que la mayoría de los cristianos han iniciado su relación con Cristo a los trece años.[27] Y a esa edad, «¿De qué tenía que arrepentirme? ¿De haberle pegado a mi hermana?», pregunta el ex presidente del Instituto Bíblico Moody, Joe Stowell, en referencia a su salvación siendo niño.[28]

> *Como la transformación que resulta del compromiso en la infancia puede haber sido menos que dramática, el recuerdo de esa decisión a veces no es tan vívido años más tarde. Y está bien.*

Como la transformación que resulta del compromiso en la infancia puede haber sido menos que dramática, el recuerdo de esa decisión a veces no es tan vívido años más tarde. Y está bien. Recuerda que las Escrituras nos dicen que los niños pueden iniciar una relación con Jesús ¡y que la fe apasionada del niño es el cimiento sobre el que se apoya este libro!

Si el recuerdo de tu decisión de ser cristiano es borroso porque tomaste esa decisión siendo aún pequeño, dedica unos momentos a pensar en versiones modificadas de las dos preguntas personales que presenta este capítulo. Primero: ¿Qué enumeraría Jesús en la lista de diferencias específicas por las que pasó tu fe en él durante todos estos años? Y segundo: ¿Qué decisiones tomas hoy como resultado de tu fe como seguidor de Cristo? No es tan importante el *cuándo* decidiste seguir a Jesús, sino lo que *hoy* haces con esa fe.

Finalmente, reconozcamos un último desafío que a veces puede causar confusión. Muchas personas, como Samuel, malinterpretan al principio el llamado de Dios. Algunos lo toman como instrucción para esforzarse por ser buenas personas, que no mienten, engañan, roban ni insultan, y pasan la vida frustrados ante sus reiterados fracasos. O razonan que lo bueno que hacen pesa más que lo malo y esperan que Dios sepa calcular un promedio. Otros creen que Dios quiere que tengan buen rendimiento en lo divino, que solo tienen que obtener mayor puntaje al de los demás. Y hay otros aun que sienten que respondieron al llamado del Señor cuando acceden al pedido o deseo de sus padres, cónyuges o amigos en cuanto a limpiar sus vidas. C.S. Lewis dijo: «No debemos suponer que aunque logremos ser buenos con todos hemos salvado el alma. El mundo de la gente amable, contenta por su amabilidad y que no busca más que eso, le ha dado la espalda a Dios y estaría igual de desesperado en su necesidad de salvación como lo estaría un mundo lleno de maldad. Incluso podría ser más difícil de salvar».[29] Hay otros que creen que Dios les llama a obedecer cantidad de reglas, doctrinas y dogmas de la vida religiosa, quizá como requisitos. Muchas personas creen eso y por ello están espiritualmente tan ocupados que incluso llegan a apartarse de Dios.

Todos esos malos entendidos, como el de ser buena persona, el de ser amable, el de comportarse porque nos miran, el de sumergirnos en la rígida religión, están desprovistos de la verdad ya que comparten un factor común: la opinión de los demás. Cada vez que haya expectativas humanas sobre cómo vivir, habrá complicaciones constantes porque jamás lograremos cumplir con todos los parámetros. Dios nos ofrece un plan mucho más sencillo.

Esa noche el Señor le habló a Samuel en privado. Si la conversación hubiera sido en presencia de Elí, es probable que el profeta le hubiera confirmado a Samuel que la voz era de Dios, hablando con Dios en vez de confiar en que el muchacho hablara directamente con el Todopoderoso. Samuel aprendió que Dios quería una relación con él a nivel personal, que no involucrara a nadie más. De manera similar Dios desea que tú y yo nos relacionemos con él sin intermediarios, directamente. Los deseos, instrucciones y expectativas de los demás son algo superfluo. Lo que importa es que tú y yo podamos decir: «Soy cristiano porque tengo una relación con Cristo». Eso es lo único que cuenta.

Entra en una verdadera relación con Cristo

Durante más o menos tres décadas, hasta que cumplí veintinueve años, me llamaba cristiano. Tenía muchas razones, ninguna de las cuales era la correcta. Mi familia asistía a una iglesia cristiana y yo iba con ellos. Vivía en los Estados Unidos, país cristiano ¿verdad? Y hasta tenía una Biblia y conocía muchas de sus historias.

Si me hubiera sentado a aprender, o leído un libro sobre cómo llevar a los niños a Cristo, hasta podría haber inventado una historia sobre cómo llegué a ser cristiano. No con mala intención sino debido a mi propia confusión y falta de entendimiento de lo que es la verdad de una relación con Jesús. Seguramente esa historia habría estado acompañada por una sensación de incomodidad, porque en ella la autenticidad no habría estado a flor de piel. Fue muy bueno que al fin lograra salir de ese autoengaño y entrara en una verdadera relación con Cristo.

Ahora que has terminado de leer este capítulo oro porque te sientas confiado en lo que Jesús diría de ti, basándose en tu respuesta a él. Con esa fe, puedes sentirte perfecto con tu historia, sea que se refiera a historias del pasado o a un momento en los últimos veinte minutos. No importa cómo haya sucedido, tendrás una auténtica historia para contar sobre cómo llegaste a ser poseedor del boleto más valioso de la vida.

Ejercicios

Escríbele una carta a Jesús en la que describas la relación que tienes con él y la contribución que eso hizo a tu vida. Si te parece difícil hacerlo, repasa el esquema de las cuatro partes del evangelio que leíste en el capítulo 4 y luego vuelve a leer este capítulo.

CAPÍTULO 7

Los primeros años

Recuerdo la primera vez en que mi hijo y yo subimos a la nave espacial. No era una de verdad, sino un juego de realidad virtual en el parque que había llamado la atención de Scotty a sus tres años, avivando su imaginación. ¡Si hasta para alguien de treinta y tres años se veía real!

Nuestro viaje por el cosmos a bordo de esa réplica de una nave de la NASA a escala real, comenzó cuando todavía estábamos en la fila. La decoración con lujo de detalles y el sonido ensordecedor nos hacían sentir que estábamos en una plataforma de lanzamiento de cohetes. Antes de que se abrieran las puertas de la nave, el personal de control de vuelos nos dio instrucciones y la sala se llenó de otros «astronautas». Todos escuchamos con atención, imaginando que lo mismo sucedía en la vida real en la NASA. Una vez acomodados ya en nuestros asientos, la experiencia de audio y video en las enormes pantallas, con coreografía de movimiento, giros y tumbos de butacas, nos llevó por el espacio en un viaje tan realista que aunque tenía que recordar todo el tiempo que solo era un juego, una película, un simulador, me sentí invadido por una sensación muy real: tenía el estómago revuelto y quería vomitar. Luego del aterrizaje virtualmente perfecto, volví a sentir urgencia y ansias... pero por salir de allí.

Mientras Scotty y yo nos alejábamos de la falsa nave, el aire fresco me ayudó a recuperarme. A los pocos metros, Scotty sugirió que nos detuviéramos. Volteamos y vimos al siguiente grupo de viajeros espaciales. Seguimos mirando y vimos que se sumaba más gente a la fila. Los ojos de Scotty estaban pegados a la máquina voladora que se erguía delante de nosotros.

—Scotty ¿quieres subir otra vez? —pregunté tratando de ignorar mi malestar incipiente ante la sola idea de repetir la experiencia.

—Hmm, no, creo que no —dijo. Y seguimos observando.

—Amiguito, si no vamos a volver a subir ¿para qué estamos parados aquí? —quise saber.

La respuesta resuena todavía en mis oídos y vuelve a hacerme sonreír:

—Es que quiero ver cómo despega.

El niño pensaba que la nave despegaría echando chorros de fuego y dejando atrás el parque de diversiones. Todos los adultos que operan el juego daban instrucciones para un viaje espacial, así que ¿por qué no iba a creerles?

CREER SIN CUESTIONAR

Ese momento ilustra una verdad clave, descrita por Karyn Henley en *Child-Sensitive Teaching*: «Los niños pequeños por lo general creen lo que se les dice sin cuestionar si es cierto o no».[30] Afortunadamente en el caso del cristianismo, tenemos un mensaje que se basa por completo en la verdad. En *Enseñe a sus hijos acerca de Dios*, John Trent (y otros) ofrecen una idea similar: «Entre el nacimiento y el jardín de infantes los niños son extremadamente receptivos».[31] ¿Puedes ver el potencial para el ministerio que representa tal receptividad?

Es claro que esos primeros años ofrecen a los adultos una era oportuna para echar cimientos espirituales en los niños que un día podrán tener una fe poderosa. El beneficio potencial de influir en ellos durante esa época de su vida respalda el comentario de San Francisco Javier: «Denme los niños hasta que cumplan siete años y luego pueden dárselos a quien quieran».[32] Una inesperada conversación con mi hija me demostró que esa declaración contiene sabiduría.

Erin tenía dos años y le encantaban sus muñecas. Habíamos pasado una tarde entera en el piso de su habitación con toda la familia de muñecos. Yo tenía que ser el papá de todos, y cumplí mi función lo mejor que pude. Ella era la mamá, la hermana, el hermano, la abuela, el abuelo y los vecinos.

Mientras intentaba concentrarme en ese mundo de ficción en el que me encontraba, mi hija me sorprendió con una pregunta:

—Papito ¿amas a Jesús?

—Claro que sí, amor —le respondí.

Ella siguió preguntando, si su mamá (la verdadera) y su hermanito Scott amaban también a Jesús.

—Claro que sí —dije en ambas ocasiones. Satisfecha con las respuestas, volvió al mundo de la fantasía de sus muñecos.

Pero como yo quería aprovechar ese momento, le pregunté:

—Erin ¿amas a Jesús? —y contuve la respiración.

Para sorpresa y gozo mío, dijo:

—Sí, amo a Jesús.

Aunque ese episodio sucedió antes de que Dios me pusiera en el ministerio para niños, como padre pude ver lo que había motivado nuestra conversación. Estoy convencido de que Erin había oído sobre el amor a Jesús y de cómo él la amaba, alguien en Promiseland lo dijo y eso hizo que decidiera que también amaría a Jesús.

Esos primeros años ofrecen a los adultos una era oportuna para echar cimientos espirituales en pequeños que un día podrán tener una fe poderosa.

Un voluntario adulto, alguien lleno de convicción de que los niños de dos años necesitan a Dios, quizá haya dicho que amaba a Jesús y mi hijita lo oyó. Y a causa del modo en que esas palabras quedaron en su mente, es muy posible que fuera alguien que haya consolado a mi niña cuando lloró, que haya jugado con ella en el piso, o que conversara unos minutos con la pequeña.

Ese día, en la habitación de mi hija, aprendí algo importante: Erin y Jesús habían empezado a formar una relación. Al menos, según lo que ella creía, con una fe tan grande que quería estar segura de que su mamá, su papá y su hermanito también amaran a Jesús. Tan real era su fe que le habría parecido raro que alguien dijera lo contrario. Y desde ese momento al mundo le costaría mucho más convencer a mi hija de que es difícil o imposible tener una relación con Jesús. Lo lamento, mundo. Parece que la niña es cabeza dura porque sale a su padre, y por esta vez, lo tomo como un elogio. Cinco años más tarde sigue creyendo con firmeza en lo mismo, según lo muestran las palabras que aparecen en el capítulo 2 y que yo llamo el Evangelio según Erin.

CREER SIN ENTENDER DEL TODO

Claro que existe un mundo de diferencia entre creer que algo es cierto y entender todos sus aspectos. Pero aunque Dios espera que creamos, nunca manda a su pueblo a tener total entendimiento. Muchos de los siervos llenos de fe en la Biblia nos brindan grandes ejemplos de este principio. Noé no entendía nada de tormentas pero creyó que Dios quería que construyera un arca. Moisés no tenía idea de cómo podía arder una zarza sin consumirse, pero creyó que Dios le hablaba allí. El hombre ciego de Juan 9 creyó en el poder sanador de Jesús aunque no tenía idea de cómo podría suceder. Sin dudarlo, caminó ante los poderosos sacerdotes y autoridades religiosas y declaró lo único que le importaba: «Lo único que sé es que yo era ciego y ahora veo» (v. 25). Creer, a cualquier edad, es un paso importante hacia la fe.

Con dos años, un niño puede extender un trocito de su corazón a Jesús, una verdad que transforma el piso de toda sala de preescolares en una iglesia para convertirla en campo de evangelización.

¿Fue salva Erin a los dos años de edad? No. A los dos años no tenía idea de lo que significa ser cristiano. Años más tarde forjaría eterna amistad con Cristo cuando con sinceridad dijo la oración del ABC (que presentamos en el capítulo 5). Pero con dos años, un niño puede extender un trocito de su corazón a Jesús, una verdad que transforma el piso de toda sala de preescolares en una iglesia para convertirla en campo de evangelización. John Trent (y otros) reconocen tal oportunidad al decir: «Nunca es demasiado temprano para que las personas creadas por Dios hagan aquello para lo que las creó: tener amistad profunda con él».³³ Con ese fin, el resto del capítulo examinará tres áreas en que hemos de concentrarnos para un ministerio efectivo, deliberadamente dirigido a los niños en sus primeros años.

Cómo llegar efectivamente al niño más pequeño

Conecta el mundo del niño con Dios de manera positiva

Hechos 17 relata la historia del encuentro del apóstol Pablo con el pueblo de Atenas, incluyendo su persuasivo mensaje para ayudarles a entender a Dios (vv. 16-32). Tal vez nunca pensaste en este pasaje bíblico desde tal perspectiva, pero te sugiero que imites el modelo del mensaje de Pablo al hablar con los chicos. Pablo observa, específicamente, que Atenas era una ciudad llena de ídolos y que tenía un altar «al dios desconocido». El apóstol entonces procede a conectar el mundo de los atenienses con el verdadero Dios, cuando expresó: «Pues bien, eso que ustedes adoran como algo desconocido es lo que yo les anuncio» (v. 23). Del ejemplo de Pablo aprendemos que si conectamos el entorno de una persona con el Señor, tenemos un sólido punto de partida para llegar a alguien a quien Dios le parece desconocido. Es el caso de los niños.

El resto del discurso de Pablo en Hechos 17 apela a los religiosos y los filósofos, así que sigamos su ejemplo al forjar un modo adecuado para dirigir nuestro mensaje a los niños. Ese modo comienza cuando entendemos el requisito importante, básico, que precede cualquier relación con Dios: la persona tiene que tener conciencia de Dios. En Romanos 10:14, Pablo describe la importancia de ese concepto y la inherente responsabilidad que conlleva para el creyente: «Ahora bien, ¿cómo invocarán a aquel en quien no han creído? ¿Y cómo creerán en aquel de quien no han oído? ¿Y cómo oirán si no hay quien les predique?»

¿Proclamar al Señor ante los pequeñitos? Las palabras de Pablo presentan un desafío que puede parecer casi inaccesible para los que trabajan con los más chiquitos porque se podría pensar que ellos carecen de la capacidad para siquiera entender quién es Dios. ¡Tenemos que cambiar esa forma de ver las cosas, tan rápido como cambiamos un pañal que ya lleva puesto seis horas!

En *Child-Sensitive Teaching*, Karyn Henley describe la importancia de presentarles a Dios a los bebés de manera muy sencilla. Para hacerlo, dice, tenemos que crear una asociación entre Dios y las experiencias sensoriales del niño.[34] El resultado puede ser una sólida conexión entre el mundo del niño y aquel que creó el mundo, aun cuando todavía no conozcan el significado de las palabras que uses.

Es sencillo encontrar puntos de conexión. Cuando el niño siente gozo, paz, tranquilidad, calidez o asombro, entonces háblale poniendo énfasis en el rol de Dios, en lo que sucede.

Por ejemplo, cuando consuelas a un niño que está molesto, dile: «Estoy aquí, contigo y Dios siempre está contigo». Karyn Henley sugiere que le digamos al bebé que disfruta comiendo una banana: «Dios hizo esta banana».[35] Y mientras abrazas al bebé en la mecedora, cántale canciones que utilicen con claridad y frecuencia el nombre de Dios y el de Jesús. Si, como yo, tienes el talento vocal de un animal herido, entonces recuerda cantar muy suave. Y sonríe.

Con el tiempo las mentes pequeñitas recordarán el nombre del Todopoderoso y la sensación que sentían mientras lo oían. Se formará entonces una conexión automática, interna, entre Dios y el abrazo, el bocado sabroso, la voz suave y los ojos brillantes, y esto les dará a los niños gran ventaja en pro de una futura amistad con el Señor. Ya descartemos las palabras: «Tengo que criar a mi bebé», y reemplacémoslas por: «Le presento a Dios a mi bebé». Verás que hay otros que comparten contigo esta convicción y práctica.

Cada vez más iglesias entienden que el ministerio deliberado debe reemplazar al sector del cuidado de los niños.

Pregúntale al autor y pastor Jack Hayford, de la Iglesia del Camino en Los Ángeles, California. En su libro *Bendice a tus hijos*, dice: «Capacitamos a quienes trabajan en la guardería infantil para que reconozcan el poder de su toque personal con los bebés a los que cuidan. Lo que forman parte de ese ministerio aprenden a creer y ejercitar la vitalidad espiritual y a amar de manera que puedan impartir vida a los niños a su cargo. Mediante la oración, las canciones y las palabras tiernas, aun sentándose y acunando a un niño, de quien los cuida puede fluir una infusión de vida del Espíritu Santo hacia el bebé».[36]

Comunica con claridad la verdad y el amor de Dios

En algún momento de la vida de todo adulto, tú y yo heredamos el hábito de complicarlo todo. Tal vez descartemos la creencia en que Dios dijo: «Que haya luz, y se hizo la luz», en favor de la especulación con respecto al Big Bang. El arco iris se convierte en espectro refractario causado por moléculas de agua en suspensión, en lugar de ser el artístico recordatorio de una promesa divina. Y la idea de evitarnos el trabajo de rastrillar las hojas si cortamos ese gran cedro que tenemos en el jardín reemplaza nuestro asombro y maravilla ante la creación de Dios, que hizo esos árboles tan bellos. Los niños necesitan que rechacemos esa desafortunada herencia.

A medida que el niño pasa de la etapa de infante a los dos o tres años, surge una nueva oportunidad para acercarlos a Dios, comunicándole con palabras la verdad y el amor de Dios en bocados pequeños. La receta para el éxito incluye ingredientes comunes y sin complicaciones que todos poseemos: ideas sencillas, palabras sencillas, frases sencillas.

De manera similar a «Dios hizo esta banana», los adultos pueden declararles las verdades de Dios a los pequeños en términos del mundo que el niño ve o experimenta. El doctor James Dobson dice: «Aun a los tres años de edad el niño es capaz de aprender que las flores, el cielo, los pájaros y hasta el arco iris son regalos de la mano de Dios».[37]

La receta para el éxito incluye ingredientes comunes y sin complicaciones que todos poseemos: ideas sencillas, palabras sencillas, frases sencillas.

Con su capacidad para el aprendizaje los niños absorben con ansias las explicaciones sobre un mundo que anhelan conocer y entender. Veamos un ejemplo útil.

El equipo de nuestro ministerio a cargo de los pequeños de tres años, enseñó una unidad en el verano, titulada: «Dios hizo el mundo». Un concepto muy grande, claro, así que cada semana examinábamos una parte de la creación de Dios, que pudiera entender una personita de tres años de edad. La semana en que me tocó ser líder, presentamos el tema: «Dios creó los animales».

La lección del grupo de más grandes explicaba en palabras muy simples que Dios creó los animales en Génesis 1, seguida de un viaje imaginario al zoológico donde repetíamos las palabras de verdad «Dios creó los animales». Luego comenzó la tarea con los chiquitos.

Mientras comíamos galletas (con forma de animalitos, claro), nos turnamos para nombrar animales y luego decíamos que Dios había hecho esa criatura. Le agregué un toque divertido dejando que cada uno de los niños actuara como el animal que había nombrado. Por ejemplo, cuando llegó mi turno me puse en cuatro patas y rugí bien fuerte. Cuando uno de los pequeños adivinó la palabra «Oso», dijimos juntos: «Dios creó los osos». ¡Nuestro grupo resultó estar formado por muchos osos!

Después de pasar dos veces la ronda, el grupo había aprendido la lección; pero los padres todavía no llegaban de la iglesia a buscarlos. Como tenía unos minutos más, les mostré a los niños que podía mantener un vaso vacío en equilibrio sobre mi cabeza (en ese vaso de papel habían estado mis galletas). No, la lección no incluía el truco del vaso. Lo único que buscaba era un poco de diversión extra. Cuando los padres llegaron a buscar a los niños, me quité el vaso de encima de la cabeza y les pasé las hojas de papel que llevarían a casa.

Cuando se acercó el padre de Julio, el niño se levantó con una enorme sonrisa y dijo:

—Papá, ¿sabes qué aprendí hoy? —Al mismo tiempo levantó su vaso de papel. «Oh, no, Julio», pensé. «No te pongas el vaso en la cabeza».

Pero para alivio mío, Julio dijo bien fuerte y muy contento:

—¡Que Dios hizo los animales!

Sí, el niño recordaba lo que había aprendido durante el rato que pasamos juntos.

Miré cómo se alejaban el hombre y su niñito, feliz porque acababa de entender un pedacito de este mundo sabiendo que Dios había creado los animales. La lección funcionó con Julio porque comunicó una verdad sencilla, con palabras sencillas en una oración corta. Y nos muestra a los adultos la importancia de elegir las palabras y buscar las oportunidades precisas para utilizarlas.

¿Cuán corta tiene que ser nuestra frase? Nuestros años de experiencia en el ministerio nos indican que cuatro palabras o menos son la clave. Las oraciones de tres o cuatro palabras comunican efectivamente el amor y la verdad de Dios, y hay más posibilidades de que el niño recuerde las palabras y pueda repetirlas también.

Piensa en cómo decir con cuatro palabras, una verdad de Dios de modo que pueda entenderla un pequeño de dos o tres años:

- Dios hizo los animales.
- Dios hizo el cielo.
- Dios me ayuda.
- La Biblia es verdad.

La lista podría llenar páginas y páginas. Para simplificar el uso de esta herramienta, mira a tu alrededor en el lugar donde trabajas con los niños. Y haz una lista de oraciones posibles, de cuatro palabras, que puedas usar de inmediato. Los juguetes, los peluches, los libros de imágenes, lo que se ve por la ventana... todo puede presentarte una oportunidad. Esas palabras que les dices a los niños pueden convertir un rato de juego en un momento ideal para ofrecerles verdades acerca de Dios.

Asegúrate de que tu lista incluya declaraciones sobre el amor. Compartirás con los pequeños un increíble regalo cuando te oigan. Eres un adulto con quien se relacionan y en quien confían. Háblales de tu amor por Jesús y del amor de Jesús por ti. Recuerda hacerlo de manera sencilla y breve para que el niño pueda repetir las palabras si lo desea: «Jesús me ama», «Jesús te ama», «Amo a Jesús». ¡Qué increíble oportunidad tenemos de darles a los niños las palabras más importantes de la vida, antes de que la duda, el escepticismo o las complicaciones asomen siquiera!

Refuerza el mensaje activamente

Además de lo que digas, las acciones también tendrán un papel importante en tu comunicación acerca de Dios. Imagina el amor que expresas cuando alzas a un niño que llora para consolarlo, medido en cómo lo haces sentir. En *Enseñe a sus hijos,* John Trent (y otros) dicen: «Al abrazarlos, amarlos, alimentarlos y abrigarlos estableces que su mundo es seguro y bueno. Con el tiempo, al decirles que Dios los ama y los cuida, pueden hacer la conexión entre tu conducta afectuosa y el amor activo de Dios hacia ellos».[38] Esas conductas comienzan con los recién nacidos y tienen que continuar mientras vayan creciendo. Porque lo que se inició en la mecedora puede extenderse a las acciones que llevan a los que trabajan en el ministerio a arrodillarse. En términos literales.

Antes de trabajar hoy en este capítulo pasé la mañana en el sector de infantes de nuestro ministerio. En la sala de cuatro y cinco años vi algo interesante, cortesía de varios adultos voluntarios. El señor Andrew estaba sentado en el piso con un niñito leyéndole un libro. La señorita Laurie estaba arrodillada, ayudando a tres niñas a colorear imágenes. Jeff imitaba a un dinosaurio junto a un grupito de niños entusiastas. La señora Stephanie estaba en cuclillas junto a una mesa para ayudar a los niños a escribir sus nombres en unas tarjetas de colores. Quince minutos antes de que comenzara nuestro servicio en la iglesia, todos los adultos estaban en el piso en alguna posición, ministrando a los niños ¡y encantados de hacerlo!

¿Cómo califica ese tiempo en el piso en términos del ministerio? Es fácil. Cuando el niño ve que alguien grande (¡para los niños todos los adultos somos grandes!), baja a su nivel, se siente valorado. Por su mente cruza la idea: «Debo ser importante». Y si el niño cree que a los ojos del adulto es importante, podrá acercarse más a creer que Dios le valora. Es más fácil luego pasar a: «Dios me ama».

Los niños no son los únicos tocados en su corazón por este tipo de interacción. Fred Van Iten, entrenador de golf de escuela secundaria, ya jubilado, supervisa una parte de nuestro sector de niños. Dice: «No hay nada como la oportunidad de hablarle de Dios a un niño de dos años». Muchas veces la oportunidad aparece cuando estamos en cuatro patas, o arrodillados. Y hasta puede incluir un abrazo, un «choque los cinco». Jesús enseñó este concepto en especial, y lo hizo sin pronunciar palabra.

Ponía sus manos sobre los niños para bendecirlos. «Llevaron unos niños a Jesús para que les impusiera las manos y orara por ellos, pero los discípulos reprendían a quienes los llevaban. Jesús dijo: "Dejen que los niños vengan a mí, y no se lo impidan, porque el reino de los cielos es de quienes son como ellos". Después de poner las manos sobre ellos, se fue de allí» (Mateo 19:13-15). Podría haberse parado allí nada más, orando en dirección a los niños. Pero Jesús conocía la importancia de tocarlos para comunicarse con ellos.

Imagina el amor que sentían los leprosos cuando Jesús los tocaba. Esa gente que sufría tanto por ser considerada antihigiénica, contaminantes para el resto de la sociedad, seguramente no tenían a nadie que se les acercara. Pero Cristo conocía el potencial que tiene el contacto físico para comunicar el amor divino. Quizá el contacto fuera breve con algunos, pero el poder de esos momentos transformaba a las personas, y quizá aun a los que observaban. El hecho de que Jesús se mostrara dispuesto a tocar a los leprosos tiene un gran impacto y Mateo lo destaca con sus numerosas descripciones de los milagros de Cristo al relatar la sanidad del leproso (ver Mateo 8:1-4).

Fui testigo del poder del contacto físico en el rol de voluntario para ayudar a un niño confinado a la silla de ruedas para que participara en nuestro ministerio a pesar de sus dificultades físicas. Un domingo por la mañana, al despedirnos, me miró como si quisiera un abrazo. Yo nunca lo había abrazado hasta ese momento y no sabía cómo hacerlo porque temía lastimarlo. Pero igual me incliné, lo abracé lo mejor que pude tratando de no hacerle daño. El chico me abrazó muy fuerte, durante largo rato. Y por fin, como me dolía la espalda, me paré.

—¡Qué lindo abrazo! —dije.

—No hay muchos que quieran abrazarme —me respondió el niño.

Llegó el momento de confesar algo más: el abrazo es algo que me resulta incómodo, si no es con mi esposa y nuestros dos hijos. Pero todavía hoy siento un nudo en la garganta cuando recuerdo cuántos domingos pasaron antes de que me animara a abrazar a ese niño. Al pensar en el impacto de ese instante, me presento a mí mismo el desafío de ir más allá de lo que me resulta cómodo. Tengo que evitar suponer que los niños sienten el amor de Dios de otros modos en la vida. Te urjo a que hagas lo mismo.

El tema de la comunicación no verbal va más allá de consolar al niño que llora, de jugar con ellos en el piso o de abrazarlos. Hablar sin palabras parece sencillo cuando son pequeñitos, pero cuando van creciendo nos resulta más complejo. Por eso, este capítulo se centra en las iniciativas adecuadas, dentro del contexto de los niños pequeños en tanto el próximo capítulo tratará de ver en profundidad este tema con respecto a los niños más grandes.

Cuando conectamos positivamente a Dios con el mundo del niño, comunicando con claridad la verdad y el amor de Dios y reforzando el mensaje de manera activa, jugamos un papel clave para llevar a los niños a Cristo. Y lo hacemos entendiendo que a veces habrá pasos grandes en el camino, y otras, los pasos serán pequeños. No importa lo mucho o poco que avances, todo paso importa. Porque cuando compartimos el amor y la verdad de Dios, pavimentamos el camino para un futuro desarrollo espiritual. Pedro escribe del deseo de ver que la gente crezca en cuanto a su salvación al haber probado que el Señor es bueno (1 Pedro 2:2). Podemos darles a probar, a los niños, el sabor del Señor cuando son pequeñitos. Esto se convertirá en hambre en un futuro no tan distante.

Ejercicios

1. Haz una lista de oraciones sencillas, de cuatro palabras, en las siguientes categorías:

    - Quién es Dios _____

    - Qué hace Dios _____

    - Cosas que vemos y nos recuerdan a Dios _____

    - Descripciones del amor de Dios _____

2. Escribe una nota de estímulo para cada uno de los voluntarios o compañeros en tu área del ministerio infantil, sobre el importante rol que juegan en el desarrollo espiritual de los pequeños.

CAPÍTULO 8

Los grandes temas de conversación que se dan en los grupos de pequeños

Los que trabajan en los parques de diversiones y están encargados de los juegos de mayor emoción tienen que esforzarse por asegurar que todos los que suben a un carro tengan el cinturón de seguridad ajustado y que las barras de contención estén bien fijadas. En las entradas del parque, los empleados ven pasar a miles de personas por los molinetes, y controlan los boletos uno por uno. Hasta los que están en los puestos de refrescos venden grandes cantidades de helados, de a un cono a la vez. Esas personas tienen un desafío evidente: brindar atención personal y efectiva a cada cliente, ocupándose al mismo tiempo de grupos numerosos de individuos. Lo mismo tiene que hacer el ministerio para niños.

Aunque este libro se ocupa de la interacción cara a cara, muchas veces las conversaciones se dan, o al menos se inician, en el contexto del grupo. Aquí tenemos un doble desafío: ante todo, conectarnos con cada niño de manera individual, y en segundo lugar, hacerlo mientras muchos pares de ojitos nos miran buscando guía y liderazgo. Los líderes operan dentro de la realidad de que sus acciones, incluyendo el modelo de vida cristiana que presentan, tienen un rol importante en el peregrinaje espiritual colectivo y de cada niño en particular.

Rick Warren abre uno de los capítulos en su libro *Una vida con propósito*, diciendo: «Eres llamado a pertenecer, no solo a creer».[39] Esta verdad no es de aplicación exclusiva para los adultos. Podemos y debemos ofrecer a cada niño y niña en nuestros ministerios la oportunidad de pertenecer, de formar parte de un grupo. Estás llamado a aprovechar esa gran oportunidad.

Este capítulo ofrece una creencia central y cuatro conjuntos de habilidades personales que pueden tener un impacto positivo en la forma en que lideras al grupo de niños, como líder de grupo, maestro de Escuela Dominical, educador cristiano, voluntario de un programa semanal o cualquier otro rol del ministerio en que te reúnes con un mismo grupo de niños con regularidad. Para ser breve me referiré a ti como «líder de grupo» a lo largo del capítulo. Y aunque tu función en el ministerio no tenga que ver con grupos, exploraremos diversas formas en que puedes interactuar mejor con los niños a los que sirves.

La creencia

Una de las respuestas con las que me topé mientras investigaba para este capítulo me impactó por lo profunda y sencilla: para liderar un gran grupo uno necesita ser líder de un gran grupo. De la misma manera, el camino hacia este fin es: *uno puede ser un gran líder de grupo si cree que Jesús está presente en su grupo y permite que esta verdad guíe sus acciones.*

Es una creencia de peso. Pero es realista si consideramos que en Mateo 18:20 Jesús dijo: «Porque donde dos o tres se reúnen en mi nombre, allí estoy yo en medio de ellos». Piensa por un momento en qué cambiaría la forma en que lideras al grupo si crees que Jesús está allí, sentado junto a los niños. Imagina lo deliberadas que serían tus acciones, cómo aprovecharías cada momento. Al tomar conciencia de la presencia de Jesús, tendrías un potente recordatorio de qué es lo que busca el ministerio.

Abraza la convicción de que como líder tus acciones deliberadas ayudarán a los niños a caminar más cerca de Cristo. La Biblia dice que las conductas, actitudes y prácticas de los cristianos tienen mucho que ver en la presentación de Cristo a las personas. Por ejemplo, en Hechos 16, un carcelero romano decidió seguir a Cristo al ver cómo se conducían Pablo y Silas. ¿Qué vio ese hombre? Vio a dos hombres llenos de fe, encarcelados por su fe, apasionados al punto de adorar a Dios en la prisión, viviendo esa fe en sus acciones.

Después de darles muchos golpes, los echaron en la cárcel, y ordenaron al carcelero que los custodiara con la mayor seguridad. Al recibir tal orden, este los metió en el calabozo interior y les sujetó los pies en el cepo.

A eso de la medianoche, Pablo y Silas se pusieron a orar y a cantar himnos a Dios, y los otros presos los escuchaban. De repente se produjo un terremoto tan fuerte que la cárcel se estremeció hasta sus cimientos. Al instante se abrieron todas las puertas y a los presos se les soltaron las cadenas. El carcelero despertó y, al ver las puertas de la cárcel de par en par, sacó la espada y estuvo a punto de matarse, porque pensaba que los presos se habían escapado. Pero Pablo le gritó:

Uno puede ser un gran líder de grupo si cree que Jesús está presente en su grupo y permite que esa verdad guíe sus acciones.

—¡No te hagas ningún daño! ¡Todos estamos aquí!

El carcelero pidió luz, entró precipitadamente y se echó temblando a los pies de Pablo y de Silas. Luego los sacó y les preguntó:

—Señores, ¿qué tengo que hacer para ser salvo?

—Cree en el Señor Jesús; así tú y tu familia serán salvos —le contestaron.

Hechos 16:23-31

Esta decisión tomada en confianza por Pablo y Silas, de servir al carcelero permaneciendo bajo su tutela a pesar de la oportunidad de recuperar fácilmente la libertad, fue la acción que hizo que el hombre se acercara a Jesús.

No es simple esto de mostrar a Cristo a través de tus acciones. Afortunadamente, no importa lo difíciles que sean las condiciones en tu ministerio, no estás encadenado ni en una cárcel romana, y supongo que no te han azotado tampoco. Pero sí enfrentarás el desafío de dar lo mejor cada mañana de domingo porque hay pequeñitos que te miran, como miraban los demás a Pablo y Silas, y está en juego lo mismo que entonces. Aunque Jesús tiene la capacidad, es probable que no sacuda la escala de Richter este fin de semana para iniciar una relación con cada uno de los niños que lideras, como lo hizo con el carcelero. Aunque bien podría hacerlo. Nosotros, sin embargo, podemos aumentar nuestra capacidad en áreas que resultarán en un mayor impacto sobre el grupo. Es lo que debemos hacer. Los grandes líderes tienen una sensación de urgencia por dar lo mejor de sí cuando entienden que solo cuentan con una breve ventana de tiempo en las vidas de los niños, y buscan marcar una diferencia aprovechando este período.

Cuatro estaciones

Estos últimos veranos he estado yendo con mi hijo al campamento de padres e hijos. Un año fuimos en julio, que es el mes más caluroso en esta área del país. Aprendimos, sin embargo, que el calendario no ofrece garantías en cuanto al clima.

El segundo día del campamento despertamos y vimos que el sol brillaba, en lo que esperábamos sería un típico día de verano. El fresco de la noche daba lugar al calor. Pasó un mosquito junto a mi oreja, buscando dónde picar, y ambos nos levantamos para desayunar.

Mientras comíamos el cielo se nubló, comenzó a soplar el viento y la temperatura descendió. Uno de los otros padres observó que había llegado el otoño en los minutos que nos había tomado comer un panqué.

Al volver a nuestra cabaña empezó a llover. Entramos y nos guarecimos de la lluvia y el frío. Cayó granizo. Nuestro aliento formaba nubecitas en el aire, y parecía que el invierno había decidido adelantarse.

Cuando vimos que el suelo estaba cubierto de bolitas de hielo, hicimos lo que para los padres y los hijos es algo lógico: salimos a jugar. Sí, claro que dolían las piedritas de hielo que nos arrojábamos los unos a los otros, ¡pero era tan divertido! Además, no había mamás que nos dijeran que había que quedarse bajo techo.

Treinta minutos más tarde salió el sol detrás de los nubarrones. El cielo se despejó y la temperatura empezó a aumentar. El hielo se derritió y volvimos a disfrutar de la primavera.

Para el mediodía, ya hacía el típico calor del mes de julio. En poco tiempo habíamos pasado por las cuatro estaciones.

Cuatro estaciones, cuatro grupos de habilidades y destrezas

Las reuniones de grupos también ocupan un breve espacio de tiempo, y quienes las lideran necesitan de varias destrezas. Todas estas técnicas personales pueden segmentarse en categorías, semejantes a las estaciones del año. Si recuerdas las estaciones puedes recordar estas técnicas. Prepárate para incorporarlas en cada reunión.

La primavera: el crecimiento

La palabra clave en relación con esta estación es *crecimiento*. Las plantas crecen durante la primavera y para facilitar ese proceso los jardineros plantan semillas, riegan con frecuencia y fertilizan el suelo. De manera similar los líderes nutren el crecimiento espiritual de los niños cuando dicen deliberadamente las palabras adecuadas. Y el uso habilidoso de tres tipos de palabras merece atención en especial.

1. *Afirmar cosas que siembren semillas de verdad espiritual.* El currículum tiene un papel clave, porque presenta al líder los conceptos importantes que hay para compartir con los niños, pero no te apoyes solo en el plan de lecciones para todo lo que vayas a decir. Antes de la clase, piensa en las palabras que utilizarás para describir alguno de los atributos de Dios, que pudieran surgir durante la reunión. La explicación sencilla y clara de la actitud de Dios hacia el pecado tendrá más impacto en la mente del niño que una serie de ideas, intercaladas con «ehhh» y «hmmm». Como vimos en el capítulo 3, siempre tendrás que estar

preparado para contar cómo llegaste a ser cristiano. («Estén siempre preparados para responder a todo el que les pida razón de la esperanza que hay en ustedes», 1 Pedro 3:15.) Hasta el momento de la oración es una oportunidad valiosa para el líder que está bien preparado. Como dije antes, la clave está en usar palabras que los niños entiendan sin problema.

2. *Formular preguntas generales que presenten al niño el desafío de imaginarse cómo aplicar la verdad de Dios en su vida.* La posibilidad del crecimiento espiritual aumenta cuando formulas preguntas que requieren más que un sí o un no por respuesta. El objetivo es motivar al pensamiento crítico.

Por ejemplo, si preguntas: «¿Piensas que Dios oye tus oraciones?», la respuesta solo requiere de una fracción de segundo y poca reflexión. Pero si preguntas: «Cuando Dios oye nuestras oraciones ¿qué piensas que querría que dijéramos?», estarás estimulando al niño para que piense y quizá plantes una semilla espiritual que germinará la próxima vez que el niño ore.

3. *Ofrece palabras de afirmación para que el niño se sienta valorado.* Es posible que el niño nunca oiga estas palabras, excepto de ti. Cuando los niños llegan a tu grupo es posible que hayan tenido problemas en la semana que afectaran su autoestima. En su libro *What kids really want that money can't buy* [Lo que los niños realmente quieren y el dinero no puede comprar], Betsy Taylor hace referencia a un estudio que indica que el cien por ciento de los niños pasan por la triste experiencia de que otros niños en la escuela les digan cosas feas o hirientes. Taylor además dice que la necesidad de afirmación se ve reforzada: «Desde la perspectiva del niño, ser popular significa que uno vale. Si te ignoran o rechazan, no eres nada. Según estudios de la Universidad Duke, solo el 15% de los niños en cualquier escuela son considerados populares».[40]

> *Cuando los niños llegan a tu grupo es posible que hayan tenido problemas en la semana que afectaran su autoestima.*

Piensa en estas realidades mientras meditas en cuáles serían las palabras de afirmación más sencillas para decirle a un niño.

Los grandes líderes aprovechan momentos en que los niños consiguen logros y entonces les animan. Saben que la única forma de notarlo es cuando los observan constantemente. Imagina el impacto de decir: «Por la forma en que sonríes cuando hablas con tus amigos puedo ver que tienes un gran corazón, que disfruta de estar en compañía». Además de lo que puedas observar, pregunta sobre los pasatiempos, intereses y actividades de los niños que te ayuden a ver qué palabras usar para alimentar su autoestima.

Estación	Palabra clave	Destrezas / Acciones
Primavera	Crecimiento	Afirmar cosas que siembren semillas de verdad espiritual. Formular preguntas generales. Ofrecer palabras de afirmación

El verano: la diversión

La palabra clave para el verano es *diversión*. Los niños querrán participar en las actividades y volver si se divierten. Esto incluye a las reuniones del grupo, y hay tres destrezas específicas que te equiparán para liderar un grupo al que los niños quieran volver una y otra vez.

1. *Como líder, la diversión comienza cuando muestras una buena actitud.* ¿Cómo lo notarán? ¡Por tu sonrisa! Los niños saben si quieres estar allí o no, y eso influye en su entusiasmo por asistir. Proverbios 15:13 dice: «El corazón alegre se refleja en el rostro». Y la sonrisa en el corazón del líder ¡alegra el corazón de los niños!

2. *Planifica actividades divertidas con anticipación.* Los niños se dan cuenta enseguida si solo improvisas cosas tontas. Y cuando piensan que estás inventando en el momento, crearán su propia versión de lo tonto y entonces, perderás el dominio del grupo. El grupo fuera de control termina en caos, y el caos no divierte a nadie.

3. *A los niños les gustan los líderes que participan activamente en todo.* Si la lección incluye un juego, juega también. Después de dar instrucciones sobre cómo hacer un collage, toma el pegamento, las tijeras y el papel y haz tu propio trabajo.

Si el programa incluye música de alabanza, canta y muévete. Al grupo no le importa si eres desafinado, o si no te mueves bien. Eso lo aprendí en mis años de experiencia. A los niños les gusta el líder que se divierte con ellos, mucho más que el que solo mira desde afuera.

Estación	Palabra clave	Destrezas / Acciones
Verano	Diversión	Mostrar una buena actitud. Planifica actividades divertidas con anticipación. Participa de las actividades.

El otoño: transformación de vida

Llega la estación de los cambios, de modo que las palabras clave serán *transformación de vida*. Durante el otoño las plantas alcanzan su altura total, las hojas cambian de color y los campos están listos para la cosecha. Pero todo ese cambio llevó tiempo. Lo mismo sucede en el ministerio.

Aunque los cambios en la vida a veces suceden rápido, muy a menudo implican procesos lentos y más sutiles, que requieren de la paciencia del líder. En términos prácticos la paciencia surge como ingrediente clave en tres destrezas importantes.

1. *Observa a los niños de cerca para ver indicios de que hay crecimiento espiritual.* Observar a los niños en serio es algo que obviamente cae en esta categoría. También hay que prestar atención a pistas más sutiles, como el entusiasmo cuando participan en la alabanza, la solidaridad, o cuando comienzan a involucrarse en las oportunidades de voluntariado. Si ves alguna de estas señales, anima al niño. Necesitas paciencia para ver un atisbo de transformación en la vida del niño, con disposición a prestar atención en los momentos cuando no parece que haya nada nuevo.

2. *Escucha lo que dicen, con atención.* Esto tiene íntima relación con la capacidad de observación. ¿Recuerdas las preguntas generales? Asegúrate de prestar atención a cómo responden los niños. Tendrás que estar allí, en el presente, con paciencia, y resistirte a la urgencia de adelantarte a la siguiente pregunta o ejercicio. Los buenos líderes captan palabras que indican

cambios de vida porque saben escuchar. Luego usan esa información para dar rumbo a la conversación.

3. *Responde con cuidado las preguntas que formulen los niños.* Sigue la sabiduría de Santiago 1:19: «Todos deben estar listos para escuchar, y ser lentos para hablar». Si dices lo primero que se te ocurre ante una pregunta, podrás creer que convenciste al niño de que conoces las Escrituras, pero ¿qué pasa si hay más de lo que preguntó, y no puede averiguarlo porque estás hablando demasiado? Mark Rook, líder veterano en nuestra sala de segundo y tercer grado, me dijo que la clave para el éxito del líder es resistirse al impulso de hablar y esperar el momento preciso para responder una pregunta.

Los buenos líderes como Mark saben que con un sencillo «Hmmm» después de una pregunta, puedes ofrecer espacio para la segunda parte de esa misma pregunta. Muchas veces el interés real del niño surge cuando tiene la oportunidad de pensar en por qué se le ocurrió esa pregunta. Y allí llega «el momento preciso»

Es más, el silencio es una herramienta útil en varios momentos de la reunión. Los niños necesitan tiempo para decidir, y llegar a conclusiones después de una pregunta sustanciosa. Pero no pueden hacer nada de eso si el líder habla todo el tiempo. Y a veces, el silencio es la única respuesta que honra una afirmación profundamente personal, ofrecida por uno de los miembros del grupo.

Es posible que necesites algo de práctica para asegurarte de que no estás inhibiendo a los niños, sin querer. Es difícil resistirte al impulso de avanzar cuando se produce el silencio, pero los buenos líderes saben que es importante callar para que puedan hablar los niños. O para que puedan oír a Dios.

Estación	Palabra clave	Destrezas / Acciones
Otoño	Transformación de vida	Mira de cerca. Escucha atentamente. Responde con cuidado. Calla cuando sea necesario.

El invierno: calor

Para la última estación, la palabra clave es *calor*. Es lo que buscamos todos durante el invierno. La experiencia grupal cálida es aquella en la que se alienta el desarrollo de las relaciones, un importante ingrediente del ministerio. A partir de su experiencia como pastor de niños en la Iglesia Saddleback, en el sur de California, Craig Jutila observa: «Los niños vienen aquí por el programa, pero se quedan por las relaciones».[41]

Aunque el clima allí donde trabaja Craig es cálido todo el año, hay dos tipos de calidez que los líderes tienen que cuidar, estén en California o en Nueva York.

1. *El calor del grupo se da cuando los líderes crean un ambiente emocional y espiritualmente seguro.* Específicamente esto significa que el líder siempre vigilará y evitará todo tipo de burlas personales, comentarios negativos o humor hiriente de parte de los niños u otros adultos. Es que los niños ya están expuestos a ese tipo de cosas en otros lugares.

    Además, asegúrate de que el grupo se sienta cómodo en cuanto a las preguntas, las dudas, o todo tipo de consultas. Bob Merril, el líder con quien serví durante dos años, creaba un ambiente muy receptivo cuando le preguntaba al grupo: «Vamos, chicos, ¿quién cree en esto de veras?», con respecto a la lección del día. Esa sencilla pregunta indicaba que estaba bien presentar sus dudas o su incredulidad. Luego, dejaba abierta la puerta que le permitía ver qué es lo que pensaban los chicos. Bob sabía que podemos ofrecerles un lugar único donde procesar todo tipo de dudas espirituales. Recuerda que la vida a veces resulta muy insegura para algunos chicos.

2. *Los líderes crean un entorno personal cálido si se conectan con cada uno de los niños.* Para empezar, asegúrate de que cada quien tenga oportunidad de participar en las actividades y discusiones. Para eso tendrás que limitar la participación de los más extrovertidos a veces, para dar lugar a que participen los más callados. Ofrece la oportunidad de participar como una opción real, para que nadie se sienta obligado o incómodo.

Luego esfuérzate por comunicarte con cada uno de los niños, al menos una vez (como mínimo), además de interactuar con el grupo en general. Puedes llamarlos por teléfono, o enviarles una tarjeta de cumpleaños, o una nota de aliento si el niño tiene una semana difícil, o ir a ver un partido, o un recital junto con sus padres, para que sienta tu compañía. Nuestro ministerio para niños tiene tarjetas para diferentes ocasiones, ¡y hasta hay sobres con estampillas para ahorrar tiempo! Los sesenta segundos que se requieren para escribir algo y enviar la tarjeta pueden significar calidez que abrigará el corazoncito del niño durante varios días.

Para lograr un impacto más contundente, mira al niño a los ojos cuando le hables. Quizá tengas que ponerte en cuclillas o arrodillarte para estar a su altura, pero con esa sencilla acción estarás diciéndole: «Creo que eres importante y mereces toda mi atención».

¿A qué niño no le encanta que un adulto le preste toda su atención?

Los sesenta segundos que se requieren para escribir algo y enviar la tarjeta pueden significar calidez que abrigará el corazoncito del niño durante varios días.

Mark, el líder que mencioné hace un momento, me mostró que hay más maneras de crear un ambiente cálido. Estábamos hablando un domingo por la mañana y habían pasado unos minutos, cuando apartó la vista y le dijo a uno de los niños de su grupo: «Hola, Nathan. Me alegro de que estés de vuelta hoy». Y un momento más tarde: «Hola Zachary, ¿cómo estás hoy?» Luego saludó a Tony y chocó los cinco con él. Mark me mostró que el líder puede crear calidez personal saludando a los niños por sus nombres y con una sonrisa, haciendo que sientan que has esperado verlos durante la semana.

3. *Un tono de voz cálido formará lazos de confianza.* Y finalmente, recuerda que el modo en que hables con los chicos podrá reforzar o afectar negativamente el mensaje que transmites: «Creemos más en el tono de voz que en las palabras», dice Karyn Henley en *Child-Sensitive Teaching*.[42] Los buenos líderes usan su voz y sus gestos como herramientas para enseñar.

Estación	Palabra clave	Destrezas/acciones
Invierno	Calor	Crear calidez en el grupo. Crear calidez en el trato individual. Utilizar calidez verbal.

Todas las estaciones, un solo niño

Hace años, respondí a un empujoncito que Dios me dio y me involucré en el voluntariado de la iglesia. Ese camino me llevó a un papel dual en Promiseland, como ayudante del líder de un grupo, junto a un muchacho llamado Jimmy, que tenía dificultades complejas que le confinaban permanentemente a la silla de ruedas. En mi rol de ayudante le ayudaba a participar en el programa del ministerio, compensando físicamente lo que le faltaba en movilidad. No podía mover las piernas y el brazo derecho. Y como gran parte de la actividad de Promiseland se desarrolla con los grupos de chicos, yo ayudaba a liderar el grupo en el que Jimmy y yo participábamos cada año.

En los cuatro años que pasamos juntos, aprendí por experiencia propia el papel importante que tienen en la vida de alguien las destrezas que acabamos de ver. Al repasar ejemplos específicos de las cuatro estaciones, observa que aunque las destrezas puedan verse distintas en cada situación, fundamentalmente se refieren a lo mismo.

Primavera: Una de las primeras cosas que descubrí de Jimmy era que le temía a los ruidos fuertes y repentinos. Así que buscamos una solución, en que nos mirábamos a los ojos mientras yo le decía palabras que lo tranquilizaban. Tenían que ser las palabras que a él le sirvieran, por lo que elegí decir específicamente: «Estoy aquí contigo, Jimmy. Y Dios está con nosotros también».

Después de unos domingos juntos, la familia de Jimmy tuvo dificultades con los horarios, y no asistían a la iglesia. Bob, el líder oficial, aprovechó la oportunidad para hablar de Jimmy con los demás. Les expliqué que para él no era cómoda la situación de sentirse diferente, aun en cosas tan pequeñas como sentarse en el suelo, como lo hacían los demás. Los chicos recibieron palabras de ánimo por las formas en que habían recibido con cariño a Jimmy. ¡Y también recibieron instrucciones de no tocar más su silla de ruedas!

Verano. La música de alabanza es parte importante de los fines de semana de Promiseland, y la mayoría de las canciones tienen movimiento. A los chicos les divierte porque tienen que mover las piernas, los brazos, las manos y hasta el cuerpo entero. Eso es algo difícil para alguien que está en silla de ruedas. Pero no para Jimmy.

—Bailemos —me dijo cuando comenzó la música movida.

—¿Quieres qué? —le dije un tanto confundido.

Trabó las ruedas de su silla y repitió:

—Bailemos. Levántame.

Así que, me paré detrás de la silla y lo alcé pasando mis brazos por debajo de los suyos. Luego comenzamos a movernos, como todos los demás. Cuatro saltitos a la derecha, cuatro saltitos a la izquierda. Mientras duró esa canción, y las que le siguieron, sostuve a Jimmy frente a mí y bailamos usando mis piernas. Como no tengo ritmo, nos costaba mantener el paso. Pero nos las arreglamos bastante bien. Y como el niño quería participar, mi corazón se llenó de gozo y alabanza. Al día siguiente, mi dolor de espalda casi me mantuvo en cama todo el tiempo. Y desde entonces, durante los cuatro años que siguieron, me preparaba para el rato divertido con un régimen constante de ejercicios para fortalecer los músculos dorsales.

Otra de las formas en que nos divertíamos era con el nombre «Jefe». Yo siempre le decía «Jefe». Le brillaban los ojitos y recuerdo que también sentía alegría al ver su reacción cuando lo llamaba de manera tan especial.

Otoño. Mi experiencia con Jimmy me enseñó a ser cuidadoso al responder preguntas, principalmente porque a veces eran difíciles. Por ejemplo, tuve que hacer una larga pausa cuando me preguntó: «Si Dios oye mis oraciones, ¿por qué no puedo caminar?» La única respuesta que me pareció bíblica y sincera fue: «No lo sé». En ese momento, sin embargo, veía a un niño que sentía confusión con respecto a querer conocer a Dios a nivel personal.

También veía cambios en los corazones de los otros niños del grupo. Un momento memorable fue cuando volvió Jimmy, después de ese fin de semana en que hablamos con los demás. Por iniciativa propia buscaron sus sillas y las trajeron al salón, para que todos estuvieran sentados y Jimmy no se sintiera diferente.

Invierno. Cuando Jimmy se sometió a una cirugía que ofrecía esperanzas de que pudiera recuperar las fuerzas en sus piernas, Bob y yo fuimos al hospital. Al despertar de la anestesia Jimmy me vio y dijo que sentía miedo. También yo sentiría miedo si despertara y viera que mis piernas enyesadas cuelgan de unos ganchos al pie de la cama. Nos miramos a los ojos, como hacemos en Promiseland, y le dije las palabras que lo tranquilizaban. Le recordé que estaba allí con él y lo más importante, que Dios estaba allí también. Nuestra relación e interacción personal en esos fines de semana, tuvo su recompensa en ese momento, allí en el hospital.

A lo largo de los años en que estuvimos juntos le envié tarjetas de cumpleaños y también fui a un par de festejos. Siempre recordaré el regalo especial que Jimmy me dio.

Después de la cirugía, debió seguir un programa de rehabilitación, motivado por la posibilidad de que algún día pudiera caminar unos pasos. Seis meses más tarde, a principios de diciembre, fue a mi encuentro cuando llegué a Promiseland, y me dijo que tenía un regalo para mí. Su mamá estaba con él, y trabó las ruedas de la silla. Hasta ese momento jamás había caminado, fuera de la clínica de rehabilitación. Pero allí, frente a una pequeña multitud reunida alrededor de ambos, dio tres pasos ¡y vino derecho a mis brazos!

Un regalo especial para los líderes

Tu motivación como líder de un excelente grupo es que tendrás el privilegio de ver cómo los niños van, uno a uno, avanzando en su camino con Jesús. Unas veces darán pasos pequeños, con incertidumbre. Otras veces darán grandes saltos de fe. Sea cual sea el caso, sigue con ellos, animándoles. El ministerio es un regalo para todos los que trabajan allí.

Tu motivación como líder de un excelente grupo es que tendrás el privilegio de ver cómo los niños van, uno a uno, avanzando en su camino con Jesús.

En su libro *Here and now* [Aquí y ahora], Henri Nouwen dice: «El ministerio es, ante todo, recibir la bendición de Dios de parte de las personas a quienes servimos. ¿Cuál es esa bendición? Un vistazo al rostro de Dios… Podemos ver a Dios en el rostro de Jesús y podemos ver el rostro de Jesús en todos aquellos que necesitan de nuestro cuidado y servicio».[43]

Los que sirven en el ministerio para niños saben que esa bendición es todavía más grande, porque involucra a un precioso pequeño.

Ampliando esta afirmación de Henri, uno de los voluntarios de mi ministerio para niños escribió un poema que describe el regalo especial que recibimos al trabajar con niños.

> **Porque...**
>
> *Cuando río con un niño por algo tonto,*
>
> *Cuando consuelo a un niño y deja de llorar,*
>
> *Cuando nos maravillamos juntos ante algo que asombra,*
>
> *o cuando un niño se siente amado por mí...*
>
> *Si miro al niño a los ojos,*
>
> *y el niño me mira a los ojos,*
>
> *y veo con atención, en el ángulo correcto,*
>
> *y busco de veras,*
>
> *puedo ver los ojos de Cristo*
>
> *por una fracción de segundo,*
>
> *allí están.*
>
> *Me cuesta entender del todo cómo sucede,*
>
> *y menos puedo aun explicar el porqué,*
>
> *pero allí están.*
>
> *Cada vez que sucede esto,*
>
> *este vistazo de Jesús en los ojos de un niño,*
>
> *sé que cambio para siempre.*
>
> *Porque es Jesús quien me está mirando.*

Este fin de semana, mira a los ojos a todos esos niños con quienes trabajas. Verás por qué importan las destrezas para las cuatro estaciones del liderazgo. Y sabrás que tus oraciones y tu preparación valen la pena. Predigo que sentirás nueva confianza y convicción para dar lo mejor de ti al recordar el principio esencial que subyace al mensaje de este capítulo: *Puedes ser un gran líder si crees que Jesús está presente en tu grupo.*

Ejercicio

En el cuadro que figura a continuación anota las palabras clave que describen acciones deliberadas que necesitas tomar como líder:

Estación	Palabra clave	Destrezas / Acciones sugeridas	Qué haré
Primavera	Crecimiento	Afirmar cosas que planten semillas de verdad. Formular preguntas generales Ofrecer palabras de afirmación	
Verano	Diversión	Mostrar una buena actitud. Planificar con anticipación actividades divertidas. Comprometerme personalmente en las actividades grupales.	
Otoño	Transformación de la vida	Observar con atención. Escuchar con atención. Responder con cuidado, callando cuando sea necesario.	
Invierno	Calidez	Crear calidez en el grupo. Crear calidez personal. Usar un tono de voz cálido.	

CAPÍTULO 9

Vendrán las preguntas, ¡eso es seguro!

Con mi familia nos reunimos alrededor de la mesa de la cocina para planificar un viaje a San Diego. La idea de faltar dos días a la escuela era muy emocionante para Scott, que tenía siete años. Erin, de cinco, quería un largo vuelo en jet. Mi esposa Becky, cuya edad no importa, estaba muy entusiasmada ante la idea de tres noches de estadía en un hotel. Cuando sugerí algo, todos se mostraron todavía más contentos: «¡Vayamos a SeaWorld mientras estamos allí!».

Ese día yo había buscado en Internet la información que quería sobre nuestro destino vacacional. Ahora, armado con los detalles y descripciones que uno esperaría de un agente de viajes, les expliqué que SeaWorld es una combinación de un parque de diversiones acuáticas con lo maravilloso de un zoológico. Todos abrieron muy grandes los ojos mientras yo iba describiendo los juegos, los delfines amaestrados y a Shamu, la ballena asesina. Aunque a nuestra familia le gustan los juegos en los que hay que usar cinturón de seguridad, fueron los animales los que más les atrajeron. Los lobos marinos, las tortugas gigantes y los osos polares... ¡qué bueno!

Se acercaba la hora de ir a dormir, por lo que terminamos con la reunión. Supuse que después de treinta minutos, era hora ya de dejar de alimentar la emoción por las vacaciones. Pero Erin preguntó algo más que nos tomó a todos por sorpresa:

«¿Alguno de todos esos animales es de verdad?»

En su libro *Always kiss me good night, instructions on raising the perfect parent*, [Siempre dame el beso de las buenas noches, cómo criar padres y madres perfectos] J.S. Salt recogió consejos brindados por 147 niños. Uno de ellos dijo algo muy simple: «Ayúdame cuando no entienda algo».[44] Es obvio que mi hija Erin necesitaba ayuda para entender una parte clave de nuestras vacaciones. El proceso comenzó cuando preguntó sobre los animales. Como obrero en el ministerio, maestro de la Escuela Dominical, educador cristiano y otros roles con influencia sobre la fe, prepárate para las preguntas de los niños para poder ayudarles con aquello que no entienden.

Como obrero en el ministerio, maestro de la escuela dominical, educador cristiano y otros roles con influencia sobre la fe, prepárate para las preguntas de los niños para poder ayudarles con aquello que no entienden.

¿Por qué no causan emoción siempre en los adultos las preguntas de los niños? Dos de las razones más comunes tienen que ver con la reticencia de salirte del camino ante una pregunta inesperada, y el temor de que piensen que no conoces la Biblia lo suficiente cuando las preguntas son difíciles. Si miramos más de cerca ambos temas, podremos calibrar nuestro entendimiento del importante rol que tienen las preguntas en todo ministerio para niños, y equiparnos para vencer nuestra reticencia y temor.

ANTE LAS PREGUNTAS INESPERADAS

Mientras lideraba la discusión del grupo de niños de tercer grado un domingo por la mañana, vi que nos quedaba solo un minuto y dije: «Chicos, vamos a orar antes de que lleguen sus padres a buscarlos». El plan de lecciones específicamente requería una oración y nuestro grupo ya había terminado con las actividades del día.

Antes de orar, uno de los niños preguntó: «Señor Dave, ¿cómo puede Dios oír las oraciones de todos los grupos, si todos oramos a la vez?»

¿Me detuve a responder explicando que Dios puede oír todas las oraciones? No. ¿Me tomé un momento para decir que Dios ama tanto a cada persona como para querer escucharnos a todos y cada uno? No. ¿Se me ocurrió que sería un buen momento para hablar de un tema espiritual de genuino interés para este niño y los demás en el grupo? No. Me mantuve concentrado en la tarea que tenía por delante y dije: «No podemos hablar de eso ahora porque tenemos que orar». Después del «amén» llegaron los padres a buscar a los niños y esa pregunta jamás volvió a mi mente hasta años más tarde, mientras escribía este capítulo.

El incidente sirve para ilustrar lo que sucede cuando las preguntas llegan aparentemente en mal momento. El líder tiene planificada la lección del día, y la pregunta podría distraer al grupo de lo que se está enseñando. Sé por experiencia propia que la frustración es a menudo la reacción desafortunada y más común ante la pregunta inesperada.

Si uno se centra mucho en la tarea por delante, no dejará lugar a la espontaneidad y las preguntas, claro está, suelen ser interrupciones espontáneas.

La solución es el esfuerzo consciente por recibir de buena gana las preguntas, con entusiasmo, y sabiendo que muchas veces los niños preguntan porque quieren aprender o entender mejor. En su esencia, el ministerio para niños busca ayudar a los chicos a conocer y entender mejor a Dios. Por eso las preguntas indican progreso y siempre han de tomarse en serio. Un proverbio alemán dice: «La pregunta al hombre sabio es el comienzo de la sabiduría».[45] Resistamos el impulso de sentir frustración cuando nos preguntan: «¿Por qué?», por milésima vez o cuando las preguntas espontáneas y sinceras detienen o desvían una lección o devocional. En efecto, hasta tenemos que ver con cuidado si un niño nunca formula preguntas acerca de Dios, Jesús, el Espíritu Santo, el cielo u otros temas espirituales, porque eso podría significar falta de interés o de comprensión.

Las preguntas a veces señalan un punto de inflexión en la fe, porque quien las formula puede tener la mente alerta, y quiere saber más sobre los asuntos espirituales.

Si nos disponemos a pasar unos minutos de más para aclarar conceptos o brindar más información, crearemos un impacto cuyo alcance se extenderá por años, y hasta quizá, durante una vida entera. En el capítulo 3 leímos el testimonio de Megan sobre su conversión cuando estaba en el cuarto grado. La segunda oración, merece atención especial.

Empecé a ir a Promiseland cuando estaba en el segundo grado. *Tenía un líder muy bueno que respondía todo lo que yo preguntaba.* Finalmente en cuarto grado admití que pecaba y creí en que Jesús murió por mis pecados. Entonces le pedí a Jesús que fuera mi amigo para siempre. Y sigue siendo mi mejor amigo.

Las preguntas a veces señalan un punto de inflexión en la fe, porque quien las formula puede tener la mente alerta, y quiere saber más sobre los asuntos espirituales. El libro de los Hechos contiene numerosos ejemplos de preguntas que formularon personas antes de que decidieran seguir a Jesús:

> Hechos 2:37. Una persona no identificada pregunta: «Hermanos, ¿qué haremos?», luego del improvisado sermón de Pedro en Pentecostés. Tres mil personas se convirtieron en cristianos ese día.

- Hechos 8:34. El eunuco etíope le pregunta a Felipe: «Dime, por favor, ¿de quién habla el profeta? ¿De sí mismo o de alguien más?» Luego hay una conversación sobre Jesús, y la conversión y bautismo del eunuco.

- Hechos 9:5. En la ruta a Damasco Saulo pregunta: «¿Quién eres, Señor?» Jesús mismo le responde a Saulo, quien se convierte en seguidor de Cristo y dedica su vida a dar a conocer a Jesús a los demás.

- Hechos 16:30. El carcelero romano les pregunta a Pablo y a Silas: «Señores, ¿qué debo hacer para ser salvo?» El carcelero y su familia aceptan a Cristo, se bautizan esa misma noche y se convierten en parte de la primera iglesia europea en su ciudad de Filipo.

ANTE LAS PREGUNTAS DIFÍCILES

Es obvio durante los esfuerzos de nuestro ministerio por reclutar voluntarios, que las preguntas sean una de las razones más comunes por las que la gente rehuye a unirse a nuestro equipo. Porque mucha gente teme que se tendrán que enfrentar a las preguntas de los niños sin saber cómo responder adecuadamente y con elocuencia. Esa preocupación tiene como base el temor a parecer ignorante en cuanto a la Biblia. Afortunadamente, tenemos cómo vencer ese temor.

Todo el que pasa tiempo trabajando y acompañando a niños, sabe que ellos suelen preguntar todo tipo de cosas, a veces saltando de tema en tema durante la misma conversación. Aun si estrecháramos estos parámetros para solo referirnos al cristianismo, no podremos decir que las preguntas serán fáciles. Así que, para poder centrarnos en un tema aquí, nos referiremos solo a las preguntas en torno a la salvación, el tema espiritual que más parece despertar intriga en los niños. Si diéramos una larga lista de preguntas y respuestas sugeridas, estaríamos limitando nuestra preparación. Mejor y más efectivo será hablar de destrezas básicas.

Un antiguo proverbio chino dice: «Dale pescado a un hombre y comerá un día. Enséñale a pescar y comerá toda su vida».[46] Si equiparamos las respuestas a estas preguntas con la pesca, veremos que con tres perspectivas podemos estar equipados para contestar muchísimas. Al examinar cada una, también veremos las preguntas más comunes entre las que oirán quienes trabajan en un ministerio para niños. Es de esperar que las respuestas que sugerimos te sean de ayuda.

Primera perspectiva: La respuesta directa

A primera vista esta perspectiva parece sencilla de imaginar: solo responde las preguntas. Sin embargo, durante una reunión con varios líderes veteranos de nuestro ministerio, surgieron tres lineamientos con respecto a la respuesta directa. Todos caben bajo un paraguas lógico denominado: «Responde con cuidado».

Ante todo, refiérete a la Biblia, verbal o físicamente siempre que sea posible. Por ejemplo, supongamos que un niño pregunta: «Si Dios nos ama a todos, ¿no iremos todos al cielo?» En este caso puedes hacer referencia verbal a las Escrituras: «Tienes razón en que Dios nos ama a todos. La Biblia dice en el libro de Juan que nos ama tanto que mandó a su único Hijo Jesús, como camino para que la gente pueda ir al cielo. Esto significa que todos los que creen en Jesús irán al cielo. Dios nos da a todos la opción de creer en él y la posibilidad de ir al cielo». Otra forma de responder sería: «Veamos la Biblia juntos para encontrar la respuesta». Y luego vas a Juan 3:16 y lees en voz alta (tú, o el niño). Esto podría llevar a hablar al niño, sobre si cree o no en Jesús. Asegúrate, sin embargo, que cuando sugieras que vean juntos la Biblia tengas idea de dónde buscar, porque si no el niño puede percibir que las Escrituras son un lugar complicado para encontrar respuestas.

El segundo lineamiento es pensar si la pregunta es, en verdad, el tema en cuestión. En el libro *101 Questions Children ask about God* [101 preguntas que formulan los niños sobre Dios], los autores sugieren: «Busca detrás de la pregunta». Por ejemplo, si el niño pregunta: "¿Tiene garras el diablo?", quizá quiera saber: "¿Puede lastimarme el diablo?"»[47] La pregunta que examinamos antes sobre el amor de Dios y la posibilidad de que todos vayamos al cielo, podría indicar que el niño siente confusión respecto del plan de salvación. La respuesta debe incluir una descripción muy sencilla y clara de cómo llegan al cielo las personas. Y debe personalizarse, utilizando «tú» y «yo», en lugar de «la gente», o «todos». Entender el tema que subyace a la pregunta nos ayudará a dar respuestas específicas y a resistirnos a la tentación de responder demasiado.

El tercer lineamiento nos anima a ser sensibles ante las emociones que hay tras las preguntas, y a reconocer esas emociones en nuestras respuestas. Por ejemplo, la pregunta: «¿Van todas las personas al cielo?», obviamente requiere de un manejo delicado si sabes que alguien cercano al niño acaba de morir. He visto alivio en el rostro de algún niño cuando se le dice: «Puede dar miedo no saber con seguridad si alguien irá al cielo. Pero aunque nosotros no veamos si creían o no, Dios sí lo puede ver porque ve el corazón».

El niño también puede sentir culpa por algo que hizo, lo cual da lugar a la pregunta: «¿Tengo que orar para que Jesús me perdone cada vez que hago algo malo? Y si no lo hago, ¿puedo ir al cielo igual?» Para responder esta pregunta, ofrece la fórmula del alivio (basada en Romanos 10:9), en tu respuesta: «A veces me pregunto lo mismo cuando me siento mal por algo que hice. Pero la Biblia dice que cuando le has pedido a Jesús que sea tu amigo para siempre, tienes seguridad de ir al cielo. Aunque la Biblia también dice que tenemos que decirle siempre a Dios las cosas malas que hacemos. Y como él ve todo lo que hacemos, ya lo sabe, pero está esperando que le digamos "Perdóname", para que pueda recordarnos que nos perdona. Puedes orar a Dios en cualquier momento para pedirle que te perdone por lo que sea que hayas hecho. A él le agrada que oremos así».

Segunda perspectiva: Responder sin respuesta

Habrá momentos en que la respuesta sincera es no responder, sea porque no sabes o porque la Biblia calla al respecto. Las palabras «No lo sé», o «La Biblia no lo dice», comunican sinceridad, no incompetencia. Aunque sientas la tentación de responder algo porque sí, para parecer inteligente o por decir algo que al niño le guste, resístete.

No lo sé

La historia de la Biblia tiene momentos fáciles de recordar, así como las lecciones que estas historias enseñan. Los detalles en torno a esas historias, sin embargo, pueden presentar un desafío. Las preguntas sobre hechos y datos específicos pueden surgir en la mente del niño y permanecer allí, acumulando presión hasta que se presenta la oportunidad para que pregunte. Eso me sucedió un domingo por la mañana, siendo líder de un grupo de niños.

La lección del día se centraba en la historia de Noé, que conozco bien. Al menos, eso es lo que yo pensaba en los primeros minutos de la discusión en grupo. Luego una niñita me humilló, al preguntarme: «¿Ya sabía Noé que llovería, antes de hacer el arca?» La respuesta correcta es sí, según Génesis 6:13-17. Desafortunadamente, en ese momento mi memoria falló, justo cuando necesitaba recordar ese detalle.

Las palabras «No lo sé», o «La Biblia no lo dice», comunican sinceridad, no incompetencia.

Cuando les pregunté a otros líderes qué harían en una situación como esa, sugirieron que podría decir: «Es una buena pregunta, pero no estoy seguro. Buscaré la respuesta en la Biblia y te diré qué encontré». Esta respuesta le comunica al niño que su pregunta tiene valor y también nos muestra cómo usar la Biblia como recurso. Luego, claro está, hay que investigar para que el niño reciba la respuesta con puntualidad.

La Biblia no lo menciona

A veces surgen preguntas que la Biblia no responde con claridad, o en su totalidad. «No siempre sabemos todo lo que hace o no hace Dios, pero aun así podemos orar por ello», es una respuesta que muestra autenticidad y aun así señala que el niño ha de acudir a Dios con su preocupación. Las preguntas en esta categoría suelen referirse a situaciones específicas, como: «Oré para que mi abuela mejorara, pero no mejora, ¿Por qué?» Bob Gustafson, un maestro y líder veterano de Promiseland, sugiere que respondamos: «Tienes que amar mucho a tu abuela para que hayas orado por ella. No sabemos por qué a veces Dios decide responder algunas de nuestras oraciones de la manera en que lo esperamos, y otras veces no lo hace. Pero solo porque la respuesta no es la que querías, eso no significa que Dios no te haya oído, o que debas dejar de orar por tu abuela».

Si señalamos una verdad cercana, también podremos responder cuando la Biblia calla respecto de un tema: «Esa es una pregunta que yo también me formulo, y no lo sé. Pero sí podemos saber esto...» Esta perspectiva funciona bien cuando sabes que la Biblia claramente trata un tema muy relacionado con la pregunta original.

Por ejemplo, las encuestas de nuestro ministerio muestran que las preguntas espirituales más frecuentes son con respecto a si sus mascotas irán o no al cielo. Hay gente que tiene su opinión sobre el tema, pero la Biblia no nos da una respuesta definitiva. Además, el momento en que muy probablemente lo pregunte el niño es justo después de que muera el animal que amaba. La respuesta adecuada requiere de consuelo y sustancia, porque hay sentimientos frágiles aquí.

«Es muy triste cuando pierdes una mascota, es como perder a un buen amigo, ¿verdad? También me he sentido así. Puedes orar y pedirle a Dios que te ayude a no estar triste. La Biblia no nos dice claramente qué pasa cuando mueren las mascotas, pero Dios creó a todos los animales, así que él sí sabe. Lo único que sabemos es que la Biblia dice que cuando vayamos al cielo tendremos gran gozo».

Beth Bauer, directora de grupos pequeños de Promiseland, dice: «Este tipo de respuesta empareja el campo de juego entre el adulto y el niño, al validar y valorar la pregunta y también al niño». El respeto da como resultado beneficios en el desarrollo y la relación, a corto y largo plazo.

«Las preguntas son un componente clave en la vida espiritual», dice Betsy Taylor en *What Kids want that money can't buy* [Lo que los niños quieren y el dinero no puede comprar]. «Nuestro rol como padres amorosos es honrar las preguntas, nutrir esa búsqueda y vivencia de la verdad y la sabiduría, y crear las condiciones propicias para una vida espiritual positiva».[48] Aunque su consejo es para las madres y los padres, el mensaje de Betsy es adecuado para todo el que trabaje con niños. Al honrar y respetar las preguntas del niño le mostramos cuánto lo valoramos, aun si la respuesta es «No lo sé».

Tercera perspectiva: Formula una pregunta

Cuando recuerdo mis años en la escuela, pienso en algunos maestros que tenían la habilidad de sonsacarme conocimiento. Una de las tácticas que usaban esos hábiles educadores era responder las preguntas con otras preguntas. Ese método siempre me movía a descubrir la respuesta en el diálogo que se sucedía, o le daba al maestro más información para una respuesta de alto impacto. El más grande maestro, Jesús, con frecuencia ponía en práctica este método, y hay tres variaciones de esta perspectiva que pueden transferirse muy bien al ministerio para niños.

Explícate, por favor

> Uno de ellos, llamado Cleofas, le dijo:
> —¿Eres tú el único peregrino en Jerusalén que no se ha enterado de todo lo que ha pasado recientemente?
> —¿Qué es lo que ha pasado? —les preguntó.
> —Lo de Jesús de Nazaret. Era un profeta, poderoso en obras y en palabras delante de Dios y de todo el pueblo.
>
> Lucas 24:18-19

En este pasaje Jesús pregunta algo (¿qué es lo que ha pasado?) que hace que Cleofas y sus amigos expliquen a qué se refieren. En el ministerio, si un niño pregunta algo muy amplio, podemos pedirle que aclare la pregunta para encontrar pistas de qué es lo que espera como respuesta, o para que quien pregunta nos dé más información sobre el motivo que hay tras la pregunta.

Por ejemplo, la pregunta amplia podría ser: «¿Cómo sabemos que realmente existe un Dios?» Las respuestas potenciales según el método de *Explícalo, por favor*, serían: «Es una pregunta interesante, ¿cómo crees tú que sabemos eso?» o «Es una pregunta importante, ¿por qué quieres saberlo?» Ambas opciones dan inicio a un diálogo que probablemente sea más valioso que la respuesta rápida a la pregunta. Y también pueden revelar información que te ayudará a formar una respuesta adecuada.

Lo sabes

En eso, unos fariseos se le acercaron y, para ponerlo a prueba, le preguntaron:

—¿Está permitido que un hombre se divorcie de su esposa?

—¿Qué les mandó Moisés? —replicó Jesús.

Marcos 10 :2-3

En esto se presentó un experto en la ley y, para poner a prueba a Jesús, le hizo esta pregunta:

—Maestro, ¿qué tengo que hacer para heredar la vida eterna?

Jesús replicó:

—¿Qué está escrito en la ley? ¿Cómo la interpretas tú?

Lucas 10:25-26

Estos dos ejemplos muestran cómo Jesús hábilmente ayudaba a las personas a recordar la información que ya sabían, información que comienza a responder la pregunta original. En ambos pasajes el que pregunta espera una respuesta muy breve, pero Jesús sabe que la respuesta dista de ser simple. Cuando un niño puede descubrir la respuesta por sus propios medios, o al menos aportar información para llegar a una respuesta, el nivel de comprensión y retención será alto.

Veamos otra vez la misma pregunta: «¿Cómo sabemos que realmente existe un Dios?» Si respondemos: «¿Qué señales crees que podría ver la gente para saber que Dios sí existe?», estaremos ayudando al niño a hablar de la evidencia de que Dios existe a partir de su propia experiencia. Es un excelente punto de partida para el diálogo. El método *Lo sabes* también ayuda a aliviar la tensión en las preguntas de confrontación.

Un ángulo diferente

> Danos tu opinión: ¿Está permitido pagar impuestos al césar o no?
>
> Conociendo sus malas intenciones, Jesús replicó:
>
> —¡Hipócritas! ¿Por qué me tienden trampas? Muéstrenme la moneda para el impuesto.
>
> Y se la enseñaron. —¿De quién son esta imagen y esta inscripción? —les preguntó.
>
> —Del césar —respondieron.
>
> —Entonces denle al césar lo que es del césar y a Dios lo que es de Dios.
>
> Mateo 22:17-21

Aunque los pequeños que preguntan no tienen mala intención, podemos ver a partir del ejemplo de Jesús el valor de preguntar sobre un tema diferente, aunque estrechamente vinculado a lo que motiva la pregunta. Este método contribuye a la reflexión, siempre y cuando sea clara la conexión entre la pregunta que ofreces como respuesta y lo que el niño te preguntó.

Volvamos a la misma pregunta: «¿Cómo sabemos que de veras existe un Dios?» Las respuestas potenciales pueden apuntar a la evidencia de la presencia de Dios en las cosas que el niño ve todos los días. Por ejemplo, se puede preguntar: «Si miras a tu alrededor y ves cuántas cosas vivientes hay, ¿cómo crees que comenzó todo eso?» o «¿Cómo piensas que nacen y crecen las cosas?», «¿Quién crees que hizo que las personas fueran tan distintas a los animales?» Al utilizar el *ángulo diferente*, quizá te respondan: «No lo sé», lo cual te abre una puerta para que tú y el niño descubran juntos la respuesta («Pensemos en esto por un momento»), y luego vuelvan a la pregunta original.

Cuando preguntes en respuesta a otra pregunta, evita caer en el juego de: «Yo pregunté primero», que suele ocurrir cuando das la impresión de evitar las preguntas. Si sucede eso, sencillamente ofrece una respuesta directa y luego invita al diálogo preguntando: «¿Te suena bien eso?», o «¿Qué piensas de esto?»

PADRES, MADRES Y PREGUNTAS

Los líderes de ministerio con los que hablé concuerdan en que hay preguntas de los niños que querrás comunicarles a los padres, con el niño allí presente. Cuando presentas la pregunta con una introducción halagüeña, como: «Su hija preguntó algo muy interesante hoy», harás que no sienta vergüenza y se sienta prácticamente brillante por lo que preguntó. Ahora, has abierto la posibilidad del diálogo en casa. Claro que tendrás que evitarlo si la pregunta se refiere a la relación con los padres, o si traicionas la confianza del niño al hacerlo.

Y en cuanto a los padres, los líderes de Promiseland también oyen preguntas. Una de las más frecuentes es: «¿Cómo puedo saber si mi hijo (o hija) ha iniciado de veras una relación con Jesús?» Aunque la pregunta en última instancia queda entre Dios y el niño o niña, no es eso lo que quieren oír los padres y no estarías ministrándoles al decírselos. En cambio, podrás responder diciendo:

«¿Puede él o ella describir con sus propias palabras lo que ha hecho y qué significó en su vida?»

«¿Pueden ver un cambio de vida evidente?»

Si la respuesta sincera es no, entonces reúnete con los padres para ver cuál es el mejor curso de acción. Quizá, haga falta una nueva explicación sobre lo que es la salvación, o es posible que uno de los padres, o ambos, quieran contarle al niño o niña su propia historia de salvación, dando testimonio. Quizá haga falta más tiempo para que el pequeño o la niña maduren. O tal vez, se pueda intentar con otra oportunidad para la oración del ABC. Sea cual sea el siguiente paso, diles que orarás por el niño o niña, y aliéntales al diálogo.

Entre el hogar y la iglesia, los niños tendrán todas las oportunidades que necesitan para formular preguntas, ¿verdad? No siempre. Por diversas razones, que incluyen falta de tiempo o timidez, hay niños que no saben qué preguntar, o que piensan en cosas sobre las que no se animan a formular inquietudes. Para poder tomarle el pulso al pensamiento del niño, lo que hace nuestro ministerio es presentar encuestas, cada tanto. Descubrimos que los niños están más dispuestos a formular preguntas por escrito, que pronunciarlas verbalmente. Los maestros y líderes luego repasan las listas para asegurarse de que las lecciones contengan los temas que surgen allí. Esta práctica también ayuda a los líderes a prepararse para las posibles preguntas. encontrarás los resultados de una de estas encuestas en el Apéndice 6.

El compromiso de responder a las preguntas surge de que creemos que quizá un niño esté a solo una respuesta de entender la verdad clave que le haga iniciar una relación con Jesús. Cuando planificábamos la visita a SeaWorld, mi hija preguntó algo porque quería saber si los animales que describíamos serían reales. Cuando descubrió que sí lo eran, sintió gran entusiasmo por contarles a sus amigos dónde iría de vacaciones. También en las clases del ministerio, cada semana habrá niños que se preguntarán cosas y que querrán saber si lo que les decimos sobre el cristianismo es real. Cuando respondemos a sus preguntas con efectividad, descubren que el plan de Dios es verdad y esa noticia les entusiasma tanto que querrán compartirla con todos los que tengan alrededor.

Guía de referencia rápida para responder a las preguntas de los niños

1. Respuesta directa

   a. Refiérete a la Biblia, verbal o físicamente, siempre que sea posible.

   b. Piensa si la pregunta trata sobre el tema en cuestión o si hay más.

   c. Sé sensible a las emociones que yacen tras la pregunta.

2. Respuesta sin contestación.

   a. No lo sé.

   b. La Biblia no lo dice.

3. Formula una pregunta

   a. Explícamelo, por favor.

   b. Lo sabes.

   c. Ángulo diferente.

Ejercicio

Completa el cuadro a continuación con ideas propias de respuestas adecuadas, o con palabras que difieran de las que usamos en este capítulo, siempre pensando en un vocabulario adecuado para los niños. Para más prácticas, responde a la lista de preguntas, más amplia, que hay en el Apéndice 6.

Preguntas frecuentes	Respuesta del capítulo	Mi respuesta
Si Dios nos ama a todos, ¿no iremos todos al cielo?	Tienes razón en que Dios nos ama a todos. La Biblia dice en el libro de Juan que nos ama tanto que envió a su único Hijo Jesús, como camino para que las personas vayamos al cielo. Esto quiere decir que todos los que creemos en Jesús iremos al cielo. Dios nos da a todos la oportunidad de elegir si creemos o no en Jesús, y la oportunidad de ir al cielo (referencia bíblica, Juan 3:16).	
¿Va todo el mundo al cielo?	A veces nos asusta no saber si alguien irá al cielo cuando muera. Pero aunque no veamos lo que creen en sus corazones, Dios sí lo puede ver (referencia bíblica, Romanos 10:13).	

Preguntas frecuentes	Respuesta del capítulo	Mi respuesta
¿Tengo que orar pidiendo perdón a Jesús cada vez que hago algo malo porque si no lo hago no puedo ir al cielo?	También yo me pregunto eso cuando me siento mal por algo que hice. Pero la Biblia dice que cuando le has pedido a Jesús que sea tu amigo para siempre, irás al cielo, seguro. La Biblia también dice, sin embargo, que siempre tenemos que decirle a Dios cuando hacemos algo malo. Porque él ve todo lo que hacemos, ya lo sabe pero espera que le pidamos perdón, para que él pueda recordarnos que nos perdona. Puedes orar a Dios cuando quieras para pedirle que te perdone por lo que sea que hayas hecho. A Dios le gusta que oremos así (referencia bíblica, Romanos 10:9).	
¿Irá al cielo mi mascota?	Es muy triste cuando pierdes a tu mascota. Es como perder a un buen amigo, ¿verdad? Puedes orar y pedirle a Dios que te ayude a no sentirte tan triste. La Biblia no dice con claridad qué pasa con las mascotas cuando mueren. Pero Dios creó a todos los animales, así que él sí lo sabe. Y lo que sabemos es que la Biblia nos dice que cuando lleguemos al cielo tendremos gran gozo (referencia bíblica, Génesis 1:25).	

Preguntas frecuentes	Respuesta del capítulo	Mi respuesta
Oré para que mi abuelita sanara, pero sigue mal. ¿Por qué?	Seguro amas mucho a tu abuelita, para haber orado por ella. No sabemos por qué unas veces Dios responde a nuestras oraciones tal como esperamos y por qué otras su respuesta es distinta a lo que queremos. Pero que Dios no haya respondido como tú quieres no significa que no te haya oído o que tengas que dejar de orar por tu abuelita.	
Detalles de la Biblia que quizá no recuerdes de inmediato en el momento: ¿Sabía Noé que llovería cuando estaba haciendo el arca?	Es una muy buena pregunta, y no estoy del todo seguro. Buscaré la respuesta en la Biblia y te diré qué encontré.	
¿Cómo sabemos que de verdad existe un Dios?	Es una pregunta interesante: ¿Qué piensas tú? ¿Qué señales crees que puede ver la gente, y que les muestran que Dios sí existe? Si miramos alrededor de nosotros y vemos este mundo tan lleno de seres vivientes, ¿cómo diremos que comenzó todo?	

CAPÍTULO 10

El poder de todos

La parte menos agradable de un parque de diversiones no es el precio de la entrada. Tampoco las horas de espera en las largas filas y ni siquiera la sensación de mareo en los juegos más vertiginosos. El desafío más grande está en el momento en que hay que decirle a tu familia que ha llegado la hora de volver a casa. Los niños (y los padres) nunca quieren irse porque el parque ofrece muchísima emoción. En uno de nuestros viajes más recientes decidí que nuestro día de diversión tenía que evitar ese momento feo en que les anunciara: «Es hora de irnos». Así que, inventé un plan.

Durante años mis hijos han mirado azorados a los que pasan junto a nosotros llevando enormes animales de peluche, que se ganan en los juegos que hay en el parque. Cada vez que ven un oso de 0,90 m, una pantera rosa de 1,20 m o una víbora de 1,50 m, tratan de adivinar en qué juego los ganó esa persona. Al mismo tiempo mi esposa y yo, en silencio, especulamos cuántas veces debió intentar esa persona, multiplicando esa cantidad por los cinco dólares que le dan la oportunidad. Luego les decimos cuántas otras cosas se pueden hacer con la misma cantidad de dinero, como comprar un auto, pagar la universidad y otras ideas que demuestran las dotes del buen administrador. Estos discursos me aseguraban que mi plan sería una sorpresa.

Cuando ese día habíamos pasado ya una hora en el parque, vimos al primer gran ganador de animales de peluche. En lugar de pronunciar mis típicas observaciones llenas de cinismo, les ofrecí algo que los dejó asombrados a todos:

—Vayamos a ganarnos uno de esos —dije.

—Estás bromeando, papá. No es gracioso —me dijo Erin, nuestra hija.

—Lo digo en serio, Erin. Elige el juego y me ganaré el animal. Pero tendremos que jugar cuando estemos volviendo al auto, para no tener que cargar con el premio durante el día entero.

Jamás había visto a los niños tan interesados por el regreso a casa. Durante todo el día estudiaron los juegos para ver cuál ofrecía los animales más grandes. Cuando llegó el momento Erin anunció cuál era el elegido: un juego de baloncesto llamado Bank-A-Shot. Afortunadamente para mí, he jugado baloncesto durante toda mi vida. Y también conozco el secreto de ese juego en particular.

Mientras mi esposa le daba casi con reticencia los cinco dólares al muchacho que atendía allí, mi hija confirmó que para ganar el premio mayor —un mono gigante—, solo tenía que encestar una vez. Tomé una pelota y retrocedí unos metros para poder concentrarme en la pequeñísima cesta. También hice caso omiso del nombre del juego, sabiendo que no es posible encestar desde el banco. El secreto está en arrojar la pelota bien alto, para que caiga justo dentro del aro.

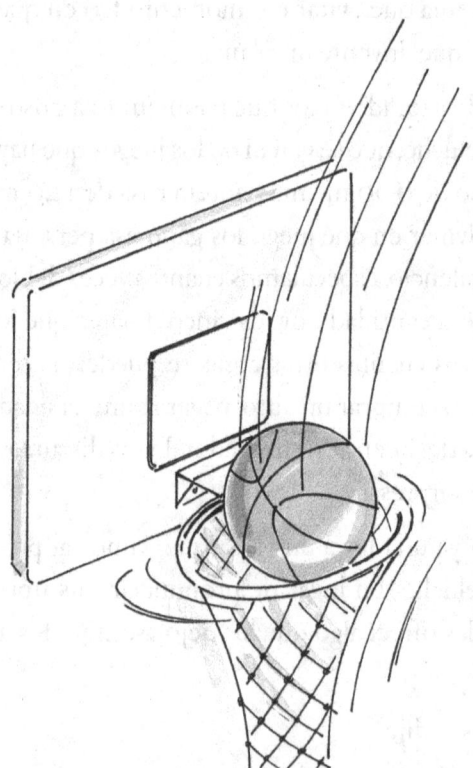

«Solo un intento», les anuncié, para mostrarme confiado y para protegerme del potencial desastre económico que causaría una seguidilla de tiros. Se había reunido un grupo de gente para mirar. Mi corazón galopaba. Estaba en juego mi orgullo. Y también un enorme mono de peluche. Respiré bien hondo y tiré la pelota, muy alto. Mi esposa cerró los ojos. Yo, en cambio, los tenía llorosos. Todo pasó en cámara lenta. Y durante un instante hasta dudé de mi decisión y mi plan ¡y entonces la pelota entró en la cesta!

Después de que mi hija eligiera un enorme mono color azul eléctrico (a quien llamamos Señor Aros en honor de la ocasión), nuestra feliz familia se encaminó hacia la salida. Mi plan funcionó, pero solo porque elegí el momento adecuado y porque la pelota entró en la cesta.

De manera similar el mejor momento, y el mejor tiro, para presentarle a la gente lo que es la vida en Cristo es durante la infancia. El investigador George Barna dice: «Las familias, iglesias y ministerios deben reconocer que la principal ventana de oportunidad para llegar con efectividad a las personas con la buena nueva de la muerte y resurrección de Jesús es durante los años que preceden a la adolescencia. Es durante esos años que desarrollamos nuestros marcos de referencia para el resto de nuestras vidas, en especial en lo teológico y lo moral».[49]

Habrá momentos en que podrás tener un impacto eterno según cómo reacciones, y habrá quien necesite que lo hagas bien.

El secreto para poder encestar con ese tiro en el momento ideal es algo sencillo: hay que apuntar alto. Para lograrlo, establece grandes expectativas para tu ministerio e invita a participar a personas clave de tu iglesia. En este juego, todos formamos un equipo y cada uno tiene una jugada que hacer.

ALTAS EXPECTATIVAS PARA EL MINISTERIO

Como dije antes, durante toda mi infancia asistí a la iglesia con regularidad. Me sentaba en la casa de Dios, cada siete días, y eso lo hice durante muchos años rodeado de la Palabra de Dios y de personas buenas que se esforzaban porque hubiera una experiencia eclesial. Toda mi infancia estuve a solo un paso de la posibilidad de entregarle mi vida a Jesús, ese paso era una explicación clara de lo que es la salvación. Pero desafortunadamente, la explicación nunca llegó. A ningún niño debería sucederle que esté tan cerca de Jesús para luego apartarse, sin haber transformado su vida, o sin que el ministerio para niños hiciera un concertado esfuerzo porque transformara su vida. Pero, ¿cómo sabemos que sucede eso? Los ministerios que establecen las siguientes cuatro expectativas bien claras para su tarea reflejan un alto nivel de esfuerzo por llevar a los niños a los pies de Cristo.

1. Presentarles el plan y conversar sobre él

El ministerio puede darles la bienvenida a los niños cada fin de semana, y planificar lecciones bíblicas que les enseñarán mucho pero aun así es posible que jamás les presenten la clara necesidad de tomar una decisión respecto de Jesús. El ministerio que se compromete a ayudar a los niños para que inicien una relación con Cristo, por otro lado, presentará con regularidad explicaciones claras, relevantes y creativas de lo que es la salvación y luego irá un paso más allá, promoviendo la conversación persona a persona. Los ministerios que solo se centran en presentar el evangelio a grandes grupos y no planifican la oportunidad de sostener conversaciones más íntimas, o dejan este paso librado al azar, están apuntando demasiado bajo. Han de considerar dedicar la mitad del tiempo del ministerio a la experiencia grupal, y la segunda mitad a entornos más pequeños, con actividades de preguntas y respuestas pensadas con cuidado para estimular el diálogo y la reflexión.

Por ejemplo, nuestro ministerio tiene una lección sobre la salvación llamada «El gran regalo»[50], para niños de segundo y tercer grado. Durante la reunión, todos los chicos de esa edad asisten a una sesión en la que se explica con creatividad el regalo de Dios y la necesidad de aceptar su ofrecimiento. Y enseguida después de esta presentación, le lección incluye un tiempo en el que los equipos de niños que forman el grupo mayor, realizan actividades de interacción y diálogo. A los líderes se les entregan instrucciones detalladas:

NOTAS PARA EL LÍDER DEL GRUPO DE NIÑOS

La intención para este tiempo de reunión es repasar y formular preguntas sobre lo que los niños aprendieron hoy en el grupo mayor. No importa si el niño ya es cristiano o no, será un momento importante en el que cada niño podrá o aprender por primera vez o reafirmar lo que ya conoce sobre el perdón de Dios.

Guía para testimonio: Como los niños te ven como líder, es importante que puedas compartir tu testimonio con autenticidad, usando palabras que puedan entender. Prepárate y repasa tu historia, usando tres lineamientos básicos:

1. (A.C.) ¿Dónde estabas espiritualmente antes de recibir a Cristo? ¿Cómo eras? ¿Qué hizo que consideraras a Dios, Jesús, como opción?

2. (La cruz) ¿Qué fue lo que te hizo finalmente ver, y te motivó, a hacer que Jesús fuera tu amigo para siempre? Específicamente, recuérdales a los niños cómo aceptaste, buscaste creer y confiaste en tu decisión de seguir a Cristo.

3. (D.C.) ¿De qué maneras empezó a cambiar tu vida después de que decidieras seguir a Cristo?

REPASO CON EL GRUPO MAYOR

PREGUNTA: «¿Cuál fue el Gran Regalo?»
　　　　ACTIVIDAD NÚMERO 1: LA HISTORIA DEL LÍDER

CUENTA cómo fue que le pediste a Jesús que fuera tu amigo para siempre, usando la guía que presentamos anteriormente.
　　　　ACTIVIDAD NÚMERO 2: LA HISTORIA DE DIOS

USA las tarjetas de la Historia de Dios (tarjetas con imágenes o palabras clave que son incentivos visuales para repasar conceptos de la lección). Ubica una de ellas en el centro del grupo y deja el resto de boca abajo, sobre tu falda.

DILES a los niños: «Para algunos esta es la primera vez que oyen mi historia de cómo decidí ser cristiano. Otros, ya son cristianos y por eso esto es un repaso para ustedes. De una forma u otra, usemos este tiempo para aprender sobre Dios para que puedan recordarlo y compartirlo con amigos y con sus familias. Repasemos la historia (que presentamos en el grupo mayor) y si tienen preguntas sobre lo que dicen las tarjetas, pueden preguntar sin problemas».

[Cada tarjeta contiene instrucciones que brindan preguntas sobre el tema que contienen.]
©2001 Willow Creek Community Church

2. Pastores de ovejitas

Ed Young, pastor principal de la Iglesia Fellowship, en Grapevine, Texas, entiende cómo se da la transformación de vida en el ministerio de niños de su iglesia. «Los grupos de niños son esenciales para que el "Fin de Semana del Mundo Aventura" sea un éxito de verdad», dice en el libro *Can we do that?* [¿Podemos hacerlo?]. «En Mundo Aventura tenemos líderes adultos que se comprometen a liderar grupos de niños durante una sesión especial. En esos grupos se ayuda a los niños a entender cómo se aplica en la vida cotidiana la lección que se enseña ese día».[51]

Hay en la descripción de Ed una palabra clave que merece especial atención: compromiso. En Promiseland, acordamos que este requisito es esencial. Es más, les pedimos a los líderes de los grupos de niños que asistan durante los cuarenta y dos fines de semana que dura la temporada, con diez fines de semana libres durante el verano. En el centro de este requisito está la necesidad fundamental: que los niños desarrollen una relación sincera y de confianza con el adulto a quien ven con regularidad.

Cuando un líder de grupo de niños se muestra confiable, siempre presente, los niños tienen más posibilidades de formular preguntas, participar en el diálogo, contar qué sienten en sus corazones y escuchar lo que se les dice, incluyendo el testimonio personal y la verdad bíblica. Solo podemos ser efectivos pastores de ovejitas si hay una relación de familiaridad. Por cierto, es un concepto ya conocido. Jesús describió la importancia de la familiaridad con el pastor en Juan 10:4-5: «Cuando ya ha sacado a todas las que son suyas, va delante

de ellas, y las ovejas lo siguen porque reconocen su voz. Pero a un desconocido jamás lo siguen; más bien, huyen de él porque no reconocen voces extrañas».

3. Haremos de la salvación la misión

Todo ministerio para niños tiene que responder una pregunta: «¿Qué hace tu ministerio?» Pero al conversar con personas de las iglesias de diferentes partes del mundo, he notado que muchos responden dando detalles de su currículum de lecciones, de los credos y rituales que memorizan los niños y de los programas anuales que se han convertido en respetadas tradiciones. Los programas para niños que apuntan alto tendrán una mejor respuesta, sin embargo.

«Ayudamos a los niños a convertirse en cristianos», o algo por el estilo, será lo que nos indique claridad en cuanto a la misión. El ministerio para niños en la Iglesia Northwoods Community de Peoria, Illinois, nos brinda un excelente ejemplo: «La misión de Discoveryland es asistir al desarrollo espiritual del niño para que, cuando Dios lo disponga, pueda llegar a tener una relación personal con Dios cada vez más profunda, a través de Jesucristo».[52]

Un claro indicador es el que evalúa nuestra efectividad: si existen o no las decisiones en favor de Jesús.

El ministerio que se compromete a ayudar a los niños a iniciar una relación con Jesús no lo oculta y no espera que suceda por casualidad. En su libro *Turning vision into action* [Convertir la visión en acción], George Barna dice: «La misión es el gran propósito por el que existes tú o tu ministerio».[53] Es importante que la congregación, los líderes de la iglesia y los voluntarios entiendan, todos, que el programa para niños que quizá se realiza en algún rincón cada semana, opera con un grandioso propósito que llega hasta el cielo.

Mira la Gran Comisión de Mateo 28:19-20 y verás la misión del ministerio con toda claridad: guiar a las personas a una relación con Jesús («Por tanto, vayan y hagan discípulos de todas las naciones, bautizándolos en el nombre del

Padre y del Hijo y del Espíritu Santo...»), y discipular a la gente en su andar cristiano («...enseñándoles a obedecer todo lo que les he mandado a ustedes).

La Gran Comisión de Jesús sirve como base para la declaración de misión de Discoveryland y también de Promiseland: «Suplementar a la familia en el alcance a los niños ayudándoles a ser seguidores de Cristo con total devoción».

Si cualquiera de los dos ministerios se desvía de su intención de ayudar a los niños a cruzar la línea de la fe, estaremos apartándonos de nuestra misión. Para que podamos cumplir aquello con lo que nos comprometemos tenemos que apuntar alto en todo momento, y un claro indicador que evalúa nuestra efectividad será: si hay o no decisiones en favor de Jesús.

Cuando el ministerio entero se concentra en una misión mancomunada, todos pueden ver cómo el rol que tiene cada uno encaja en el plan mayor. Los líderes o maestros de los grupos de niños, si tienen inspiración conocen el gran propósito de su asistencia ininterrumpida cada fin de semana. Los que trabajan con los niños y están motivados entienden que los que trabajan con los jóvenes necesitan poder edificar sobre un sólido cimiento espiritual, echado durante la niñez. Y cada vez que un niño entra a la familia de Dios ¡el ministerio entero se alegra por el logro de la misión cumplida!

4. Ofreceremos el entorno adecuado

Imagina tu ministerio como lo ven los niños. Por un momento mira los salones, las puertas, los pisos y los rincones. Ahora, responde esta pregunta clave desde la perspectiva de los más pequeños: Cuando comparo todo esto con los demás lugares a los que voy, ¿quiero pasar tiempo aquí? Puede parecerte un ejercicio tonto, pero no lo es si tu ministerio se esfuerza por apuntar alto.

El entorno que se orienta a lo que gusta a los niños les comunica que han llegado a un lugar al que pertenecen. Para lograrlo, el ministerio decide deliberadamente cómo será la decoración, la música, el estilo de enseñanza y las actividades que apelarán al interés de los niños. Si un chico o una chica entran en la sala, miran alrededor y creen que allí hay un entorno al que puede pertenecer, el resultado será una actitud positiva que lleva a la apertura y la receptividad.

¿Quieres comprobar esta teoría? Cuenta la cantidad de niños sonrientes en un parque de diversiones, en el rincón de juegos de McDonald's o en un parque infantil. (No incluyas tu propia sonrisa cuando cuentes las caras.) Compara esa cantidad con la que encuentras en un elegante restaurante, una ferretería o el santuario principal de tu iglesia. ¿Cuál de los dos grupos se sentirá más inclinado a escuchar lo que tienes que decir acerca de Jesús? Creo que el de las numerosas sonrisas, claro. No necesitas ofrecerles papas fritas o montañas rusas para tener éxito en el ministerio, pero tampoco esperes lograr demasiado en un entorno aburrido.

Lo mismo vale para la seguridad. Aunque el cristianismo ofrece la mejor noticia que el mundo pueda ofrecer, los niños ignorarán el mensaje si no se sienten a salvo. Un área totalmente segura tendrá tres dimensiones: seguridad física que vele porque los niños no se lastimen; seguridad emocional que los proteja de las burlas y otras acciones degradantes; y seguridad espiritual donde se alienten las preguntas y el diálogo sincero sobre los temas de la vida real.

¿Ofrece las tres cosas tu ministerio? Las escuelas no ofrecen todo eso, y tampoco los barrios, y ni hablemos de una sorprendente cantidad de hogares. Es más, el ministerio para niños podría ser el único lugar totalmente seguro para algunos de los pequeños.

Claro que esa experiencia también requiere de diversión. El ministerio para niños que tenga la reputación de ser divertido irradiará una energía que atrae a otros niños como un imán. Los niños, de manera natural y casi sin esfuerzo difunden la noticia cuando disfrutan de una experiencia. Jesús habló del gozo que quiere que todos sus seguidores sientan: «Les he dicho esto para que tengan mi alegría y así su alegría sea completa» (Juan 15:11). Así que hagamos que los niños sientan eso, porque allí donde abundan las risas, laten los corazones por Jesús.

El tipo de entorno que funciona

La Iglesia Northview Christian Life, de Noblesville, Indiana, decidió construir unas instalaciones diseñadas para los niños y logró un entorno dinámico. Desde que los niños entran por un enorme tobogán al área de las aulas, saben que pertenecen allí. Cuando las familias entran al salón que lleva al nuevo edificio tienen que pasar por un control computarizado que muestre el compromiso con la seguridad. La decoración de las aulas y los espacios es temática, con un vestuario deportivo y salas que parecen cuarteles de bomberos. Los niños se divierten. Con un ministerio transformador de vidas como centro, la cantidad de niños que asisten aumenta cada semana. Sin embargo, no hace falta construir algo nuevo ni tener un abultado presupuesto para crear un entorno adecuado.

La Iglesia Grace Community está a menos de 9 kilómetros de la que acabamos de mencionar. El equipo del ministerio para niños de Grace ha realizado un muy buen trabajo al convertir las aulas rectangulares y comunes en entornos atractivos que hacen que los niños se vean contentos desde el momento en que ingresan. Hay áreas designadas como estaciones de actividades diversas, y se implementan sólidos procedimientos de seguridad, exhibidos en mesas plegables en los pasillos. Cuando se apagan las luces y se ilumina todo con reflectores de teatro, los escenarios decorados con creatividad llaman la atención de los niños y sirven como efectivas plataformas para las lecciones bíblicas y la alabanza sincera. Como resultado, se transforman vidas y cada vez asisten más niños.

Northview y Grace tienen entornos de construcción diferente y su costo es también distinto, lo mismo que su complejidad. Pero tanto una como la otra desarrollan ministerios efectivos en un entorno adecuado. Y ambas apuntan alto, dedicando tiempo cada semana a las discusiones en los grupos de pequeños, liderados por equipos de adultos que están comprometidos a ser pastores de ovejitas.

> *No importa cómo sean las instalaciones que ocupe tu ministerio, podrán preparar y llevar a cabo objetivos claros para su trabajo, y mucho más.*

No importa cómo sean las instalaciones que ocupe tu ministerio, podrán preparar y llevar a cabo objetivos claros para su trabajo, y mucho más.

Haz que participen personas con un papel clave

Durante cinco temporadas fui entrenador de los equipos de baloncesto de mi hijo. Cada martes en la noche practicamos durante una hora, y todos los sábados jugamos durante cuarenta minutos. Los niños con los que trabajo caben en uno de dos grupos. Los que están en el primero participan de las prácticas y los juegos, y nada más que eso. La única vez que toman una pelota es en el gimnasio, con el equipo. Muchas veces, esos jóvenes jugadores y también sus padres, se preguntan por qué no logran encestar, o hacer buenos pases o por qué la pelota rebota lejos de sus pies.

Los chicos del otro grupo también asisten a las prácticas y juegan los sábados. Pero además, juegan baloncesto en casa durante la semana. Al término de cada temporada, los que jugaron más que esa hora y cuarenta minutos cada semana tienen habilidades superiores, en especial si sus padres o hermanos mayores trabajaron con ellos con los mismos fundamentos que les damos en las prácticas. El juego tiene más sentido para ellos, y es algo natural para los que juegan con regularidad.

De la misma manera el cristianismo tendrá más sentido y será más natural para los niños que interactúan con la fe de manera frecuente. Tu iglesia tiene personas clave, fuera del entorno o equipo del ministerio, que se benefician del éxito de este. Son personas que pueden añadir dos importantes ingredientes, que te ayudarán a lograr mucha interacción de fe con los niños: tienen consistencia y se involucran.

Apoyo pastoral

La asistencia regular de los niños sirve como cimiento que hace que sea más posible edificar una relación con Dios. El compromiso con la asistencia regular evolucionará hacia el valor en la iglesia solo cuando el pastor entienda cuál es el beneficio para los niños y cuál la responsabilidad de los padres en última instancia. En un mensaje de fin de semana, el pastor John Ortbert, que enseña en la Iglesia Presbiteriana de Menlo Park (Menlo Park, California), presentó a los padres y las madres el desafío de asumir en serio la responsabilidad del desarrollo espiritual de sus familias, diciéndole a la congregación: «Padres, madres, hagan lo que tengan que hacer... porque el que sus hijos tengan el hábito de asistir con regularidad a Promiseland y se involucren, será la mejor ayuda que puedo imaginar para la tarea de padres que considero más importante en sus vidas».[54]

La asistencia es un tema difícil para el ministerio de niños como tópico de conversación ya que quienes asisten, que son los niños, no pueden trasladarse por sus propios medios. El pastor de la iglesia ocupa la mejor plataforma desde la que pueda darse este mensaje, así que con periodicidad, recuérdale el valor que tiene la comunicación a los padres. Si hace falta, puedes fotocopiar la página que tiene la cita de John Ortberg, marcar sus palabras con un resaltador y mostrársela a tu pastor.

Los padres que se involucran

Una vez asegurado el apoyo activo del pastor, presta atención a las oportunidades que tu ministerio ofrece para conectarte con los padres. La Iglesia

North Point, de Atlanta, ofrece un creativo programa llamado KidStuf [Cosas de niños], al que asisten juntos los niños con sus padres en la hora que hay entre los servicios del domingo. Después del momento de las dinámicas lecciones, las familias se llevan a casa un material diseñado para estimular la conversación durante la semana, y también preguntas específicas para las charlas en el auto. Lo que se enseñó el domingo entonces, sigue vigente desde el lunes hasta el sábado siguiente, impulsado por la realidad de que la clave del aprendizaje es la repetición.

Las oportunidades de ministerio que impactan en el hogar existen más allá de lo que puedas ofrecer como material de distribución o experiencias compartidas. Ed Young describe otra exitosa estrategia de Mundo Aventura, de la Iglesia Fellowship: «Los líderes de los grupos de niños también tienen la posibilidad de mantener el contacto con las familias de los niños de su grupo más allá de los confines de la iglesia».55 El líder podrá llamar por teléfono al niño que ha dejado de asistir durante varias semanas, enviar una tarjeta de cumpleaños o asistir a un juego de baloncesto. Cubrimos estas ideas en el capítulo 8, aunque solo considerando su impacto en los niños. Todas son estrategias sencillas, y todas crean conexiones con los niños y sus padres. Imagina cuánto mayor es la receptividad del niño cuando su líder o maestro se convierte en amigo de la familia, alguien a quien mamá y papá conocen por nombre y mencionan en casa. La expectativa a establecer con respecto a los padres es que sean receptivos a los esfuerzos del líder. De manera parecida a lo que sucede con la asistencia, tu pastor será quien pueda transmitir con mayor efectividad el mensaje sobre la receptividad.

Los padres, el ministerio para niños y el liderazgo de la iglesia comparten el compromiso de trabajar codo a codo y dar rienda suelta al poder de todos a la vez.

Los esfuerzos del ministerio por asociarse con los padres serán bien recibidos. En toda conferencia de padres y maestros a las que asistí, siempre pregunto lo mismo: «¿Qué podemos hacer en casa para ayudar a Erin (o a Scott) a obtener logros en su clase?» Si los padres hacen los ajustes necesarios en casa para que los niños puedan aprender a escribir, sumar, restar, o leer mejor ¿no harán lo mismo para ayudarles a aprender la lección más importante de la vida, la de la necesidad de una relación con Cristo? La respuesta es sí, cuando los padres, el ministerio para niños y el liderazgo de la iglesia comparten el compromiso de trabajar codo a codo y dar rienda suelta al poder de todos a la vez.

Trabajar juntos es algo que se da con naturalidad cuando existen expectativas firmes y claras. Los ministerios y los padres, juntos, tienen la responsabilidad de apuntar este «tiro», a tiempo, ayudando a los niños a conocer a Jesús, y la mira tiene que estar puesta bien en lo alto. Allí, sin embargo, termina nuestra responsabilidad: Dios determinará si la pelota encesta, si se inicia o no una relación con Jesús.

Hoy, el mono al que llamamos Señor Aros, está en un rincón de la habitación de mi hija y representa el trofeo ganado en una única victoria. Desafortunadamente, casi todos los que van a esos juegos en el parque de diversiones salen con las manos vacías. El ministerio, en cambio, opera bajo reglas diferentes con un sistema de premios distinto. Cuando nos esforzamos dando lo mejor, cuando todo lo que podemos hacer por llevar los niños a los pies de Cristo es lo que hacemos, la Biblia nos garantiza el éxito y la victoria: «A cualquiera que me reconozca delante de los demás, yo también lo reconoceré delante de mi Padre que está en el cielo» (Mateo 10:32).

Ejercicios

1. Pregunta de aplicación: ¿Presenta tu ministerio claramente el plan de salvación y ofrece a los niños la oportunidad de responder? Describe cuándo y cómo. Si la respuesta es sí, ¿presentan las lecciones la oportunidad para la participación por parte de los líderes de grupos de niños?

2. Describe el compromiso que tu ministerio espera de los líderes de grupos de niños. ¿Es este nivel de compromiso algo que tiene como meta el beneficio de ellos o resulta tan bajo que solo busca la conveniencia de los adultos?

3. ¿Cómo se compara la misión de tu ministerio con la Gran Comisión (Mateo 28:19-20)?

4. Califica tu ministerio, en la escala del 1 al 5, con respecto a las siguientes áreas (donde 1 es el nivel más bajo y 5 el más alto):

Orientado a los niños	1	2	3	4	5
Seguridad	1	2	3	4	5
Diversión	1	2	3	4	5
Conexión con los padres	1	2	3	4	5

   Pídeles a cuatro padres o madres que califiquen el ministerio y ofrezcan sus observaciones. Luego conversa sobre los resultados con tu equipo y busquen ideas para poder mejorar. Repite este ejercicio todos los años.

5. Para ayudar a los padres a que desarrollen las capacidades y destrezas que cubre este libro, sugiere la lectura de *Lleva a tus hijos a los pies de Cristo*.

Palabras finales

Este libro ha dedicado gran parte de la atención a las palabras porque ellas son herramientas muy poderosas. La Biblia refuerza esta verdad muchas veces. Dios utilizó palabras para crear el mundo («Y dijo Dios: "¡Que exista la luz!" Y la luz llegó a existir», Génesis 1:3), obrar milagros («Basta con que digas una sola palabra, y mi siervo quedará sano», Mateo 8:8) y darnos la verdad que trasciende al tiempo («El cielo y la tierra pasarán, pero mis palabras jamás pasarán», Mateo 24:35).

Nuestro peregrinaje juntos comenzó sabiendo que lo que decimos y el modo en que lo decimos aumentará nuestra efectividad al llevar a los niños a los pies de Cristo. Las páginas que siguieron a estas ideas al inicio, brindaron ejemplos, sugerencias y estrategias prácticas y oro porque ellas te ayuden a hablar con claridad e impacto. En una situación ideal ahora tienes pasión en abundancia y una fuerte creencia en que cuando miras al niño a los ojos, lo que digas puede marcar una diferencia real. El pastor Jack Hayford, de Church on the Way [Iglesia del Camino], dice: «Quizá es esta una de las formas más humildes en los caminos de Dios para los seres humanos, al conferirnos un asombroso grado de poder (y responsabilidad) en la capacidad que tienen nuestras palabras para que sucedan las cosas».[56]

Seamos realistas, sin embargo, con respecto a lo que podemos lograr mediante el uso adecuado del lenguaje. Hasta el más elocuente, sensible y orientado al entendimiento de los niños puede distar del éxito. Porque la conversación que tiene por intención que el niño inicie una relación de vida con el Señor y luego pase la eternidad en el cielo, necesita del poder que proviene de una única Palabra. Y solamente en esa Palabra está la capacidad de cambiar vidas y de ofrecer esperanza al mundo:

En el principio ya existía el Verbo, y el Verbo estaba con Dios, y el Verbo era Dios.

Juan 1:1

APÉNDICES

Cuatro dinámicas clave para hablar con los niños

Dinámica 1. Los niños entienden los términos y el lenguaje concreto mejor que los términos y el lenguaje abstracto. Los niños son mucho más literales que los adultos respecto de las palabras, así que evita los simbolismos o las palabras «religiosas».

Dinámica 2. Cada niño puede estar en una etapa diferente del desarrollo. La edad tiene que ver con la capacidad de comprensión, no importa qué tan sencilla sea la expresión de un concepto. La edad será un factor, junto con la educación, el entorno familiar y social y las experiencias, que influirán en su intelecto y conocimiento espiritual.

Dinámica 3. Los niños son más receptivos a las historias y las palabras que puedan graficar o con las que logren identificarse. Nadie, en especial más que los niños, disfrutan de los discursos. Los niños entenderán mucho mejor lo que el adulto intenta explicar si oyen una historia breve. También podrán comprenderlo con mayor profundidad si el líder o maestro usa palabras que tengan relación con cosas que le son familiares, creando así una conexión entre la historia y quien la escucha.

Dinámica 4. Los niños pueden concentrarse o distraerse, a causa de un único detalle en la historia. Considera con atención los detalles que incluyes en la historia que cuentas. Examínalos con sensibilidad respecto al impacto que puedan hacer en los pequeños que te escuchan. Muchas veces solo hará falta cambiar alguna frase para mantener el significado sin incluir detalles que distraigan.

Cuatro dinámicas clave para hablar con los niños

Desarrolla tu testimonio

Para dar tu propio testimonio, toma en cuenta los tres pasos de la guía:

　　A.C. Antes de tu conversión

　　La cruz. Tu conversión, el punto donde decidiste ser cristiano

　　D.C. Tu vida después de convertirte

A.C.

　　1. ¿Cómo eras, personal y espiritualmente, antes de seguir a Cristo?

　　2. ¿Qué hizo que pensaras en acercarte a Dios, Cristo?

La cruz

1. ¿De qué te diste cuenta, que finalmente hizo que quisieras seguir a Cristo?

2. ¿Qué hiciste específicamente para convertirte?

D.C.

1. ¿En qué cambió tu vida cuando empezaste a seguir a Cristo?

2. ¿Cuáles son las diferencias más claras en tu vida ahora que sigues a Jesús, en comparación con tu vida «Antes de Cristo»?

Cuéntalo como para que lo entienda un niño

Tres pasos, como guía para tu testimonio:

A.C. Antes de tu conversión

La cruz. Tu conversión, el punto donde decidiste ser cristiano

D.C. Tu vida después de convertirte

Las siguientes preguntas te ayudarán a filtrar lo que incluyas en tu testimonio, por medio de las cuatro dinámicas clave para la comunicación.

A.C.

1. ¿Es este un estilo de vida o condición con la que un niño puede identificarse? Si no lo es, simplifícalo.

2. ¿Se distraerá el niño con detalles de mi estilo de vida o de mi pasado? Si es así, cambia frases u omite detalles.

La cruz

1. ¿Queda en claro que para aceptar a Cristo debí actuar? Si no es así, piensa en términos más específicos.

2. ¿Puede un niño entender o aplicar lo que hice? Si no es así, vuelve a redactar esta parte.

D.C.

1. ¿Es fácil entender el cambio que Cristo obró en mi vida? Si no es así, describe la transformación de manera diferente, o concéntrate en un tipo de cambio distinto.

2. ¿Describo mi vida como cristiano de manera clara como para que un niño la entienda? Si no es así, simplifícala usando palabras que podrían decir los niños al describir aspectos de la vida.

Los cuatro componentes del mensaje del evangelio

Adaptado de *Conviértase en un cristiano contagioso*

1. Dios

- Es un Dios santo, perfecto en todo aspecto. Nada más en este mundo puede describirse como perfecto, así que en comparación con Dios, nada puede equipararlo. Aun así, él nos creó para que seamos como es él, junto con la expectativa de la santidad o la perfección.

    Sean santos, porque yo, el Señor su Dios, soy santo.

    Levítico 19:2

- Es un Dios amoroso que nos ama, a cada uno, más de lo que podríamos imaginar. En efecto, Dios creó el amor.

    Nosotros amamos a Dios porque él nos amó primero.

    1 Juan 4:19

- Es un Dios justo, por lo que no mira al costado ignorando el pecado.

    Yo, el Señor, amo la justicia, pero odio el robo y la iniquidad.

    Isaías 61:8

2. Nosotros

- Todos cometemos pecado. Y al compararnos con los hermosos parámetros de perfección de Dios, el pecado pinta una fea imagen de las personas.

    Pues todos han pecado y están privados de la gloria de Dios.

    Romanos 3:23

- La deuda que cada persona acumula a causa del pecado tiene un único pago posible, que es la muerte física y espiritual. Esta muerte espiritual es la completa separación de Dios por toda la eternidad.

    Porque la paga del pecado es muerte.

    Romanos 6:23

- No importa cuánto nos esforcemos jamás podríamos ofrecer sacrificio suficiente como para borrar todos nuestros pecados. Sin embargo, alguien tiene que hacerlo.

    «¿De qué me sirven sus muchos sacrificios?» —dice el Señor—.

    Isaías 1:11

3. Cristo

- Jesucristo es Dios que se hizo hombre y vivió en la tierra.

    En el principio ya existía el Verbo, y el Verbo estaba con Dios, y el Verbo era Dios ... Y el Verbo se hizo hombre y habitó entre nosotros.

    Juan 1:1,14

- Aunque jamás cometió pecado Cristo murió como sustituto de nosotros, tomando nuestro lugar y recibiendo el castigo que merecemos por los pecados que cometemos. Luego de su crucifixión Cristo resucitó, lo cual muestra que tiene poder sobre la muerte. El cristianismo es fe en alguien que vive.

> *Pero Dios demuestra su amor por nosotros en esto: en que cuando todavía éramos pecadores, Cristo murió por nosotros.*
>
> *Romanos 5:8*

> *[Soy] el que vive. Estuve muerto, pero ahora vivo por los siglos de los siglos, y tengo las llaves de la muerte y del infierno.*
>
> *Apocalipsis 1:18*

- Y Cristo nuestro Salvador nos ofrece completo perdón por todos nuestros pecados, como regalo, gratis.

> *Pues todos han pecado y están privados de la gloria de Dios, pero por su gracia son justificados gratuitamente mediante la redención que Cristo Jesús efectuó.*
>
> *Romanos 3:23-24*

> *Porque por gracia ustedes han sido salvados mediante la fe; esto no procede de ustedes, sino que es el regalo de Dios.*
>
> *Efesios 2:8*

4. Tú y yo

- El regalo gratuito de la salvación tiene que ser aceptado por medio de una respuesta individual al evangelio. Tenemos que invitar a Jesús a nuestro corazón como Señor, Salvador y Líder de nuestras vidas.

> Que si confiesas con tu boca que Jesús es el Señor, y crees en tu corazón que Dios lo levantó de entre los muertos, serás salvo.
>
> Romanos 10:9

> Así que tengan cuidado de su manera de vivir. No vivan como necios sino como sabios... Por tanto, no sean insensatos, sino entiendan cuál es la voluntad del Señor.
>
> Efesios 5:15,17

- En ese momento somos adoptados como miembros de la familia de Dios.

  > Mas a cuantos lo recibieron, a los que creen en su nombre, les dio el derecho de ser hijos de Dios.
  >
  > Juan 1:12

- A causa de la presencia de Cristo en nosotros se produce la transformación espiritual.

  > Por lo tanto, si alguno está en Cristo, es una nueva creación. ¡Lo viejo ha pasado, ha llegado ya lo nuevo!
  >
  > 2 Corintios 5:17

Cómo llegar con efectividad a un niño pequeño

Tres áreas en las que hay que concentrarse para ministrar con eficiencia a los niños pequeños:

Conexión positiva del mundo del niño con Dios

La conexión entre el entorno de la persona y el Señor puede ser un sólido punto de partida para alcanzar a alguien para quien Dios parece desconocido. Con ese fin, crea una asociación entre Dios y las experiencias sensoriales del niño.

Comunica con claridad la verdad y el amor de Dios

Comunica verbalmente la verdad y el amor de Dios en bocados diminutos, con ideas sencillas, palabras simples y frases cortas.

Refuerza el mensaje activamente

Además de las palabras que dices, las acciones y otros tipos de comunicación no verbales tienen un papel muy importante en la presentación de Dios ante los niños.

¿Qué preguntas te harán los niños? Resultados de la encuesta

Los niños se preguntan mucho más de lo que logran presentar con palabras como duda o interés por saber. Para mantenernos informados sobre qué preguntan los niños, nuestro ministerio realiza encuestas periódicas que nos ayudan a saber qué están pensando. A continuación verás los resultados de una de esas encuestas, en una lista por tópicos en orden de frecuencia. La cantidad de temas y la variedad de las preguntas reflejan el amplio espectro de esta encuesta con cientos de niños, algunos de los cuales aceptaron a Cristo ya, en tanto otras respuestas provienen de quienes visitan la iglesia por primera vez.

PREGUNTAS ACERCA DE LA BIBLIA

¿Cuándo se escribió la Biblia?

¿Quién la escribió?

¿Por qué se escribió la Biblia?

¿Qué es el arca de la alianza?

¿Por qué tiene dos partes la Biblia, y cuál es más importante?

¿Cómo les dijo Dios a las personas qué poner en la Biblia?

¿Qué hay en el libro de Proverbios?

¿Cuántos libros tiene la Biblia?

¿Por qué le habla Dios a la gente de la Biblia y no a mí?

¿Por qué se llama «Biblia»?

¿Cómo será el fin del mundo? ¿Y cuándo será?

¿Por qué no hay más niñas en la Biblia?

¿Por qué hay otras personas, además de Dios, en la Biblia?

¿Tuvieron una hija Adán y Eva, o solo tuvieron varones?

¿Tengo que leer la Biblia todos los días?

¿Por qué hay Biblias que son diferentes?

Preguntas acerca de Dios

¿Cómo puede Dios haber creado a todos, y cómo puede oír las oraciones de todos y estar al mismo tiempo en todas partes?

¿Tiene esposa Dios?

¿Por qué creó Dios a Satanás?

¿Por qué eligió a María como madre de Jesús?

¿Por qué tiene Dios tantos nombres?

Preguntas acerca de Jesús

¿Por qué lo mataron?

¿Cuánto tiempo les tomó crucificarlo?

¿Tenía miedo Jesús?

¿Por qué no le creía la gente a Jesús cuando decía que era el Hijo de Dios?

¿Por qué traicionó Judas a Jesús?

¿Cómo que Jesús era judío?

¿Tenía novia Jesús?

¿Qué tipo de milagros obró Jesús?

Preguntas acerca del cielo

¿Hay mascotas en el cielo?

¿Cómo es el cielo?

¿Cuánta gente hay en el cielo?

¿No se cansan de cantar todo el día?

¿Es divertido hacer fiesta cada vez que alguien se convierte en un amigo de Dios para siempre?

¿Son de oro las calles en realidad, y si es así, cuánto dinero costó hacer esas calles?

¿Vamos a subir al cielo volando en el aire como Jesús?

¿Hay dinosaurios en el cielo?

Índice de temas

1 Corintios, 73
    2:1, 33
    9:20-23, 73
1 Juan
    4:19, 69, 191
1 Pedro
    2:2, 127
    3:15, 134
1 Samuel
    1:21-28, 103
    1:3, 105
    3:1-11, 104
    3:9, 108
101 preguntas de los niños acerca de Dios, 152
2 Corintios
    5:17, 72, 194

Abrazos 124, 125
A.C. (Antes de la conversión), 48, 49, 52, 53
Actitud, 135
Adultos que guían a los niños a Cristo, 109
Adultos, profesión de fe, 101
Adultos, relación con Cristo, 107, 109
Adultos, respuesta a la oración de salvación, 92-94
Afirmación, 134-137
Aliento, 139
Amor, 123
Amor de Jesús 124-125
Amor, reforzando el mensaje de Dios, 123-127
Analogía, 32
Apocalipsis
    1:18, 71, 193
Aquí y ahora, 144
Arrepentimiento, 87
Asistencia, 77, 78, 107, 173, 177-178
Auerbach, Red, 31
Autoestima, 134-135

Barna, George, 19, 33
Bautismo, 93-109
Bendice a tus hijos, 120
Biblia, 197, 198
Buen samaritano, 37

Calor, 138-140
Cielo, 199
Claiborne, Shane, 108
Cole, Donald, 102
Commynes, Philippe de, 60
Compromiso, 170-171
Comunicación con los niños, 29-43
Comunicación del amor y la verdad de Dios, 29-43
Comunicación no verbal, 127
Comunicación, dinámicas, 31-42, 58-59, 185
Conversión, 49-50, 52, 53
Conviértase en un cristiano contagioso, 69, 191
Crecimiento, 133-135
Creencia, 86
Creer sin cuestionar, 116-118
Creer sin entender del todo, 118
Cristianos, conversión, 107-111
Cristianos, edad de inicio de la relación con Cristo, 109-110
Cristo, 70
Cristo como Salvador, 71, 192-193
Cristo y la relación con Él, 107-109, 112

D.C. (Después de la conversión), 50, 53, 54
Destrezas de liderazgo, 133-144, 169-172
Detalles, historias, 39-40
Dios y la perfección, 69- 191
Dios, actitud ante el pecado, 134
Dios, comunicación de concepto a los niños, 120-123
Dios, conciencia de, 120
Dios, preguntas acerca de, 198
Dios, puntos de conexión, 120

Distracciones, 40
Diversión, 135-136, 175
Dobson, James, 21
Dudas, 138-139

Edad y entendimiento, 90-91
Edad y la relación con Cristo, 109-110
Edad y oración ABC, 90-91
Efesios
    2:8, 71, 193
    5:15, 72, 194
El arte de la comunicación con los niños, 31
Elgin, Suzette, 31
Enseña a los niños acerca de Dios, 116, 123
Enseñanza sensible a los niños, 119
Entendimiento, 33-36
Entorno para niños, 173-176
Escuchar, 40, 136
Escuchar activamente, 39-40
Espíritu Santo, 41, 79, 89
Espontaneidad, 150
Evangelio, componentes de, 191-194
Evangelio, esquema de cuatro partes, 68-72
Evangelio, mayor entendimiento de, 77
Evangelio, plan de salvación, 67
Evangelio, redacción, 72-73
Evangelización, 22-27

Familiaridad, 171
Filtrar, 58-59
Fin de Semana de Mundo Aventura, 170-171
Fluidez

Gálatas
    1:13-17, 55
    1:23, 59
Génesis
    1:3, 183
    6:13-17, 154, 183
Graham, Billy, 21
Gran Comisión, 172, 173
Grimm, Bob, 47
Grupos de niños, 129-144, 168-169
Grupos, líderes, 130-131

Hayford, Jack, 120, 183
Hechos
    2:11, 41
    2:37, 150, 86, 87
    2:38, 86, 87
    2:39, 20, 102
    8:34, 151
    9:5, 151
    14:1, 73
    16, 130
    16:23-31, 131
    16:30, 151, 86, 87
    13:31, 86, 87
    17:16-32, 119
    26, 48
    26:4-11, 49
    26:12-18, 49
    26:19-22, 51
Henley, Karyn, 19, 116, 119, 120, 139
Historias y detalles, 39-40
Historias, capacidad de comprensión de los niños, 36-38
Hybels, Bill, 24, 47, 49

Incredulidad 138-139
Invierno, 138-140
Isaías
    1:11, 70, 192
    61:8, 69, 191
Javier, San Francisco, 116
Jesús como Salvador, 19-20
Jesús y los leprosos, 126-127
Jesús, comunicación con los niños, 125-126
Jesús, preguntas acerca de, 198
Jesús, relación con, 107-108
Juan
    1:1, 184
    1:1,14, 70
    1:12, 72
    3:16, 152
    9, 59, 118
    10:4-5, 171
    10:10, 108
    14:6, 108
    15:11, 108, 175
Jutila, Craig, 68, 138

Keith, Sarah, 93
KidStuf, 178

La Cruz (conversión), 49-50, 52, 54
Lenguaje abstracto, 31-33, 72-73
Lenguaje concreto, 31-33, 72-73
Lenguaje orientado a los niños, 67-68, 189-190
Leprosos, 126
Levítico
    19:2, 69, 191
Lewis, C.S., 107, 111
Liderazgo de grupos de niños, 170
Lo que los niños quieren y el dinero no puede comprar, 134, 155
Lucas
    10:37

10:25-26, 157
15:10, 96
18:22, 108
24:18-19, 156

Marcos
  10:2-3, 157
  12:33, 110
Mascotas, 154-156
Mateo
  6:33, 108
  7:23, 107
  8:1-4, 126
  8:5-13, 78
  8:8, 183
  10:32, 87, 179
  16:6, 33
  18:20, 130
  19:13-15, 126
  22:17-21, 158
  22:37-38, 108
  24:35, 183
  28:19-20, 172, 180
Maudlin, Karen, 90
Merrill, Bob, 138-139
Ministerio para niños, 195
Ministerio, expectativas, 167-175
Misión, 172-173
Mittelberg, Mark, 48
Moody, Dwight, 15
Muerte, 70

Niños y autoestima, 134-135
Niños y cómo comunicar el amor y verdad de Dios, 120-123
Niños y comunicación con ellos, 29-43
Niños y conciencia de Dios, 118-119
Niños y conversión, 19-20, 83-97, 108, 109
Niños y creer sin cuestionar, 116-118
Niños y creer sin entender, 118
Niños y el concepto del amor, 123
Niños y el rol de los padres, 23-27
Niños y el valor de las historias, 36-38
Niños y entendimiento de los Evangelios, 77-78
Niños y entorno adecuado, 173-176
Niños y la relación con Jesús, 124-125
Niños y ministerio, 195
Niños y preguntas de niños, 134, 197-199
Niños y respuesta adulta a la oración de la salvación, 91-93
Niños, líderes de grupos de, 170
Nouwen, Henri, 143

Observar, 136-137

Oración de salvación, 83-97
Oración de salvación ABC, 87-89, 106
Otoño, 136-137

Pablo 24, 33, 48-51, 55, 59, 73-74, 86, 119, 131
Paciencia, 135-137
Padres y preguntas, 159-161
Padres, rol en la evangelización de los niños, 23-27, 177-179
Pastores, 177
Pecado, actitud de Dios ante, 134
Pedro, 20, 102
Pensamiento crítico, 134
Pentecostés, 41
¿Podemos hacerlo?
Preguntas acerca de Dios, 198
Preguntas acerca de Jesús, 198
Preguntas acerca de la Biblia, 197-198
Preguntas acerca del cielo, 195
Preguntas difíciles, 151-158
Preguntas e historias para niños, 38
Preguntas espirituales, 154
Preguntas inesperadas, 148-151
Preguntas y lo que creen los niños, 116-118, 134, 197-199
Preguntas y los padres, 159-161
Preguntas, cómo responder, 137, 152-158
Preparación para iniciar la relación con Cristo, 89-91
Presión de los pares, 89
Primavera, 133-135
Principios básicos, 46, 68
Profesión de fe, 101
Proverbios
  15:13, 135
  15:23, 23
  25:11, 23

Receptividad, 178
Refinar, 59
Relación, desarrollo de, 137
Repetición, 178
Responder, 137
Respuesta directa, 152
Respuesta sin respuesta, 153
Rice, Peggy, 60
Romanos
  3:23, 70
  3:23-24, 71
  5:8, 71
  6:23, 70
  10:9, 71, 87, 106, 153
  10:14, 119
Salt, J. S., 148

Salvación como misión, 172-173
Salvación en la infancia, 110-111
Salvación, ABC, 87-89, 106
Salvación, edad en que preguntan, 19-20
Salvación, ofrecimiento de, 102, 193-194
Salvación, oración 83-97
Salvación, plan en el evangelio, 66-67
Salvación, respuesta del adulto a, 91-93
Samuel, 103-105
Santiago
    1:19, 137
Seguridad, 174-175
Sentido literal, 32-33
Sentidos, 119
Shadid, Susan, 77
Siempre dame el beso de las buenas noches, 148
Silencio, 137
Simbolismo, 31, 32
Sonrisa, 135
Stowell, Joe, 21, 110
Strobel, Lee, 48

Taylor, Betsy, 134, 155
Testimonio en cuatro frases, 47-48
Testimonio, cómo contarlo a los niños

Testimonio, desarrollo, 187-188
Testimonio, en la época moderna, 51-53
Testimonio, importancia de, 58
Testimonio, lo básico, 47-48
Testimonio, puntos clave, 54-55
Tono de voz, 140-141
Toque, 124-126
Transformación
Transformación de vida, 136-137
Trent, John, 116, 118, 123

Una vida con propósito, 102, 109, 129

Verano, 135-136
Verdad, espiritual, 133-134
Visión, convertir en acción, 136-137

Walker, Angie, 58
Warren, Rick, 102, 109, 127
Washington, Booker T., 26
Wooden, John, 109

Young, Ed, 170, 178

NOTAS

Introducción

1 Cita traducida de Brainiyquote.com. Copyright 2005 Xplore, Inc. BrainyMedia.com, texto en inglés «The difference between the right work and the almost right word is the difference between lighting and a lightning bug» (acceso del 8 de febrero de 2005).

2 Jack W. Hayford, *Bendice a tus hijos: Cómo amar a los niños que hay en tu vida.* (Editorial Vida, ISBN: 082974343X).

Capítulo 1

3 George Barna, *Cómo transformar a los niños en campeones espirituales* (Casa Creación, ISBN: 159185939).

4 Karyn Henley, *Child-Sensitive Teaching* [Enseñanza a medida para los niños] (Cincinatti, Ohio: Standard, 1997), p. 42.

5 James Strong, *Strong's Comprehensive Concordance of the Bible* #5043 (Iowa Falls, Iowa: World Bible Publishers), p. 70.

6 James Dobson, respuesta recibida por el autor, del sitio Web de Enfoque a la Familia, www.family.org (8 de julio de 2004).

7 Joseph M. Stowell, *Why it's so hard to love Jesus* [Por qué es tan difícil amar a Jesús[(Chicago: Mood Publishers, 2003), p. 90.

8 Billy Graham, citado del sitio web de la Asociación Evangelística Billy Graham, *www.billygraham.org* (4 de agosto de 2004).

9 Bill Hybels, «Walk across the room» (New Community message, Willow Creek Community Church, South Barrington, Ill., enero de 2004).

10 Gregory R. Suriano, ed., *Great American Speeches* (New York: Gramercy/Random House, 1993), p. 109.

Capítulo 2

11 Suzette Haden Elgin, *The Gentle Art of Communicating with Kids* (New York: John Wiley & Sons, 1996), 9.

12 Red Auerbach, citado por el Dr. John C. Maxwell en «Playing Over their Heads», *Leadership Wired*, 7 no. 4 (3-12-04); www.injoy.com (12 de marzo de 2004).

Capítulo 3

13 Bill Hybels, citado por David Staal en «Mission Posible», *Children's Ministry Magazine*, 12, septiembre/octubre 2002, p. 68 (en inglés).

14 Bill Hybels, «Walk across the Room» (New Community message, Willow Creek Community Church, South Barrington, Ill. enero de 2004).

15 Bob Grimm, «Teaching kids is the greatest job in the world» [Enseñar a los niños es el mejor trabajo del mundo] (Sesión de cierre, conferencia de Promiseland, Willow Creek Association, South Barrington, Ill., 2004).

16 Eugene Ehrlich y Marshall DeBruhl, The International Thesaurus of Quotations, 2nd ed (New York: HarperCollins, 1996), 649. Cita textual en inglés: «One never repents of having spoken too little, but often of having spoken too much».

Capítulo 4

17 Disponible en español en: http://berean.org/bibleteacher/wbesp.html.

18 Craig Jutila, «The 'C' of Character» (General session 1, Purpose Driven Children's Ministry Conference, Saddleback Church, Lake Forest, California. Abril de 2004).

Capítulo 5

19 Karen L. Maudlin, «On the Family Front» *Christian Parenting Today* (invierno de 2003), 54.

Capítulo 6

20 George Barna, «Number of unchurched adults has nearly doubled since 1991», Barna Update, Barna Research Group, www.barna.org (24 de mayo de 2004).

21 C. Donald Cole, *How to Know you're saved* (Chicago: Moody Publishers, 1988), 10.

22 Rick Warren, *Una vida con propósito* (Editorial Vida, ISBN: 0829737863).

23 Wayne Martindale y Jerry Root, *The Quotable Lewis*, p. 242 (Wheaton Ill.L Tyndale, 1989), p. 120.

24 Shane Claiborne, «Faith for the 21st Century: Loving the overlooked» (Axis weekend message, Willow Creek community Church, south Barrington, Ill, 2001).

25 John Wooden, *Coach Wooden One-on-One* (Ventura, California: Regal, 1996), día 49.

26 Warren, *Una vida con propósito*.

27 George Barna, *Cómo transformar a los niños en campeones espirituales* (Casa Creación, ISBN: 159185939).

28 Joseph M. Stowell, citado en un mensaje de correo electrónico dirigido al autor, desde el Instituto Bíblico Moody, fecha 11 de noviembre de 2004.

29 Martindale and Root, *The Quotable Lewis*, #1313, p. 523.

Capítulo 7

30 Karyn Henley, *Child-Sensitive Teaching* (Cincinnati, Ohio: Standard, 1997), p. 43.

31 John Trent, Rick Osborne y Kurt Bruner, *Enseñe a sus hijos acerca de Dios* (Mundo Hispano, ISBN 031146288X).

32 Adrian Rogers, *Future for the Family*, Love Worth Finding website, www.lwf.org (enero 37 de 2003).

33 Trent, Osborne y Brune, *Enseñe a sus hijos...*

34 Henley, *Child-Sensitive Teaching*, p. 37.

35 Ibid.

36 Jack W. Hayford, *Bendice a tus hijos* (Editorial Vida, ISBN: 082974343X).

37 James Dobson, *Cómo criar a los varones* (Unilit, ISBN: 0789910004).

38 Trent, Osborne y Bruner, *Enseñe a sus hijos...*

Capítulo 8

39 Rick Warren, *Una vida con propósito*.

40 Betsy Taylor, *What kids want that money can't buy* (New York: Warner, 2003), p. 138.

41 Craig Jutila, «The 'C' of Character» (General session 1, Purpose Driven Children's Ministry Conference, Saddleback Church, Lake Forest, California, abril de 2004).

42 Karyn Henley, *Child Sensitive Teaching* (Cincinnati, Ohio: Standard, 1997), p. 71.

43 Henri J. M. Nouwen, *Here and Now* (New York: Crossroad, 1994), p. 92.

Capítulo 9

44 J.S. Salt, *Always kiss me goodnight, instructions on raising the perfect parent* (New York: Three Rivers, 1997), p. 48.

45 Eugene Ehrlich y Marshall DeBruhl, eds. *The International Thesaurus of Quotations* (London: Collins, 1996), p. 332.

46 George Y. Titelman, ed., *Random House Dictionary of Popular Proverbs and Sayings* (New York: Random House, 1996), p. 112.

47 David R. Veerman, y otros, *101 questions children ask about God* (Wheaton, Ill.: Tyndale, 1992), p. 2.

48 Betsy Taylor, *What kids want that money can't buy* (New York: Warner, 2003), p. 95.

Capítulo 10

49 George Barna, «Evangelism is most effective among kids», *Barna Update*, Barna Research Group, Ltd., www.barna.org (11 de octubre de 2004).

50 «Think Big, Big Gift: Salvation», lección del Currículum de Promiseland, para 2do y 3er grado (en inglés). *The Big Picture: God's Story from Genesis to Revelation* (South Barrington, Ill.: Willow Creek Association, 2001).

51 Andy Stanley y Ed. Young, Can we do that? (West Monroe, La: Howard, 2002), p. 56.

52 Northwoods Community Church, www.nwoods.org (19 de febrero de 2005).

53 George Barna, *Turning vision into action* (Ventura, California: Regal, 1996), p. 38.

54 John Ortberg, «Parents and Kids, Same Planet, Different Worlds: Hearts and Souls» (Weekend message, Willow Creek Community Church, South Barrington, Ill., febrero de 2003).

55 Stanley and Young, Can we do that?, P. 56.

PALABRAS FINALES

56 Jack W. Hayford, *Bendice a tus hijos* (Editorial Vida, ISBN: 082974343X).

www.ingramcontent.com/pod-product-compliance
Lightning Source LLC
Chambersburg PA
CBHW011341090426
42743CB00018B/3410